基金项目：2021 年江苏高校哲学社会科学研究重大项目"大学生人际友善的形成机理与养成教育研究"（编号：2021SJZDA069）

积极教育视域下大学生人际获得感研究
JIJI JIAOYU SHIYUXIA DAXUESHENG RENJI HUODEGAN YANJIU

经卫国　著

中国商务出版社

图书在版编目（CIP）数据

积极教育视域下大学生人际获得感研究／经卫国著
. -- 北京：中国商务出版社，2022.4
ISBN 978 - 7 - 5103 - 4191 - 5

Ⅰ. ①积… Ⅱ. ①经… Ⅲ. ①大学生—人际关系—研究 Ⅳ. ①C912.15

中国版本图书馆 CIP 数据核字（2022）第 038029 号

积极教育视域下大学生人际获得感研究

JIJI JIAOYU SHIYUXIA DAXUESHENG RENJI HUODEGAN YANJIU

著　经卫国

出版发行：中国商务出版社

社　　址：北京市东城区安定门外大街东后巷 28 号　　邮政编码：100710

网　　址：http://www.cctpress.com

电　　话：010 - 64212247（总编室）　　010 - 64515151（事业部）
　　　　　010 - 64208388（发行部）　　010 - 64286917（零售电话）

责任编辑：刘姝辰

网　　店：http://shop162373850.taobao.com/

邮　　箱：349183847@qq.com

印　　刷：三河市华东印刷有限公司

开　　本：710 毫米 × 1000 毫米　1/16

印　　张：13.5

版　　次：2022 年 4 月第 1 版　　印　　次：2022 年 4 月第 1 次印刷

书　　号：ISBN 978 - 7 - 5103 - 4191 - 5

字　　数：206 千字　　　　　　　定　　价：56.00 元

前 言

党的十九大报告指出:"保证全体人民在共建共享发展中有更多获得感,不断促进人的全面发展","不断促进社会公平正义,形成有效的社会治理、良好的社会秩序,使人民获得感、幸福感、安全感更加充实、更有保障、更可持续"。可见,党的十九大将"人民群众获得感"作为一把衡量新时代中国特色社会主义、与国家社会治理现代化水平的重要标尺。人际获得感是人民群众获得感在精神层面上的集中体现,其强弱对主体身心健康、社会友善具有重要的现实意义。"获得感"出发点是人,体现了要"以人为本"的唯物史观,而这一概念引申到高校则是体现了"以生为本"的育人观。"以生为本"是一种新型的积极教育观,强调高校育人要以学生为中心,培养学生的综合素质,如专业素质、人文素质、心理素质等,而人际关系则属于心理素质范畴。本书通过对新时代大学生这一目标群体进行深入研究,以积极教育思想为研究视角,可以整合性地研究当前中国社会转型过程中,基于人性异化导向的人际获得感教育治理问题,并对提高高校教育治理科学化水平,为建设新时代中国特色社会主义教育治理体系做出贡献。

本书主要从积极教育视角出发来探讨大学生人际获得感的现状、特征及影响因素。本书主要由三大模块构成:第一模块,积极教育导向的人际获得感理论研究。系统论述了人际获得感的核心内容及其意义,深刻把握了人际获得感的内部结构和影响因素,并提出了大学生人际获得感的理论模型构想。第二模块,积极教育导向的人际获得感实证研究。综合社会学、心理学等研究方法,对大学生人际获得感模型构想进行了探索与验证。采用整群抽样方式,对目标群体进行实证调研和质性研究，发现其人际获得感的特点，并探讨其存在的主要问题和形成原因。第三模块，积极教育导向的人际获得感提升路径研究。在人际获得感基本理论与实践整合的基础上，落脚点在于力求突出"养成教育"问题。依据实证研究和质性访谈的分析结果，并在积极教育思想的指引下，从人际获得意识、人际获得能力、人际获得行为、人际获得情境四个维度，有针对性地提出积极教育导向的人际获得感提升路径的建构，以破解新时代大学生人际获得感的困境，从而加快践行以立德树人为教育目标的社会建设。

本书可以为高校教育者、管理者更深层次认识和把握新时代大学生人际获得感现状提供参考，也可以为高校教育管理、教学设计等领域的治理制定相关政策，推进高校教育治理创新工作，为实现教育治理现代化提供借鉴和参考。

在撰写本书的过程中，作者参考并借鉴了近年来学术界一些专家、学者的研究成果，采编了大量的文献和资料，在此对相关文献资料的作者表示诚挚的感谢！虽然有关成果在书中尽可能做了标注，但难免还有遗漏，恳请相关专家学者谅解！此外，特别感谢南京理工大学博士生导师况志华教授对本书研究提出了宝贵的意见和建议，对恩师的贡献表示由衷的敬意和感谢！由于时间和精力有限，本书中难免存在不妥之处，敬请广大读者和各位同行予以批评雅正！

经卫国
二〇二二年元月一日

目 录
CONTENTS

第一章

积极教育的思想本质与实践价值

在过去相当长的教育发展过程中，国内外学者针对传统教育的不足与问题进行了广泛而又深入的研究，但是在教育领域仍时常报道学生学习不快乐、教师职业不幸福、教学相长不显著、校园暴力事件屡屡发生的现象。近年来，有学者研究表明：我国学生幸福感指数在全球排名处于偏低水平，青少年心理健康状况堪忧，尤其是抑郁已严重影响到学生的心理健康，成为全球共同治理的社会问题。另外，青少年因人际品行问题而引起的犯罪等反社会行为也在逐年增加，犯罪年龄向未成年化、小龄化方向发展。纵观传统教育所发生的学习、心理和社会性发展问题，促使我们试图另辟蹊径，对当下教育观及其模式进行反思与重建。虽然传统教育在某种程度上发挥了教育和人才的培育功能，但是对于实现马克思"人的全面发展观"这一终极教育价值追求则任重而道远。

积极教育思想孕育于积极心理学理论，积极具有正面主动且有实际建设之意。在我们理解中"积极教育"是指教育者以学校和师生现实状态为出发点，以积极的理念与行动为手段去激发和引导学生积极求知并获得积极的情感体验，培养学生积极的人格品质与人生态度的教育（任俊，2006）。可见，积极教育是一种以开发个体潜能、激活积极情绪体验而主动建构积极求知并增加获得感为核心的幸福教育。积极教育从另外一道窄门进入当下现实教育的传统教育领域，冲击了传统教育的中心理念，碰撞了传统教育以问题为导向的病理性治疗教育模式。因此，积极教育在本质上异于传统教育，是对传统教育的一种补充与超越。而传统教育无论从理念、方法、效果等层面都是缺乏朝气、消极被动，与人类的教育理想相悖的。研究积极教育若干基本问题，对当代教育实施"立德树人"工程、增强学生思想政治教育实效性具有重要的理论与现实意义。

第一节　积极教育的思想缘起

任何一种思潮的产生都有它发源的历史背景和现实需要，本质上都是因为该领域发展中其内部矛盾和外在要求共同发生作用的结果。从历史发展的农业社会到工业社会，再到后现代工业社会，积极教育思想的产生、发展也经历了社会历史不同阶段的积极演进。

一、传统教育的困境

在我国传统文化教育思想中，有大量基础深厚、难以动摇的消极落后育人观念一直影响着人们自由而全面的个性发展。众所周知，传统文化中"人性本恶""言必称师""勤学苦读"等消极观念严重影响了学生学习的幸福感指数。其中，"人性本恶"的观念认为人具有先天的邪恶、懒惰的消极基因，人成为人的教育需要通过设计严厉的教育规则和纪律制度，才能促使人成为真正的人。例如：棍棒教育"不打不成器"，"棒下出孝子"；《学记》之"大学始教，皮弁祭菜，示敬道也"等传统教育的消极倾向营造了肃穆庄严、气氛压抑的读书景象，使学生限制了自由意志和个性发展，丧失了学习的原始动机与兴趣本身。而"言必称师"的教育观念深受荀子思想的影响，认为学生应该"师云亦云""唯师是从"，推崇教师的中心地位和绝对权威。可见，在农业社会，严厉的身份等级制度确立了在教与学关系中以教师为中心的权威印象，颠覆了学生学习的主体性地位，使学生的学习命运逐渐被教师主宰。另外，传统文化中描述"勤学苦读"的典故不胜枚举。例如："悬梁刺股""凿壁偷光""磨杵成针""锲而不舍，金石可镂""书山有路勤为径，学海无涯苦作舟"等已是耳熟能详，在这些成语与名言中我们能看到勤奋上进、励志苦读的寒窗生活。由此可见，读书以苦作舟，甚至以牺牲自己的身体健康和生命为代价，是何等的苦涩？总之，传统教育的落后观念和消极倾向在我国教育发展史中占据上风，并对当代读书生活、教书育人产生深远影响。

近年来，随着我国经济的发展和社会的转型，在教育与课程改革的有力推进下，我国教育在一定程度上发生了积极的变化。但是在工业社会这样的环境下，以社会分工、劳动效率和产业教育为背景主线，驱使教育的本质逐渐异化：从学生的视角，学生以学业为导向的学习模式已不再是个体内在动机的引发，而是将学习或者教育作为获取工具价值的手段。若将学习或者教育的过程看作一种外在动机的谋生或奖励，学习或者教育本身的乐趣和价值将不复存在。因此，没有积极情绪体验的学习和内化过程，学生个性的发展很难保证能够使其具有健康的人格和积极的品质；从教师的角度，教师长期处于高效率的劳动异化，工作压力使很多教师感到身心疲惫，进而产生具有普遍性的职业倦怠现象，严重影响到教与学、师生关系的生态建构与良性运行；从教育者和学习主体相互作用来看，以教师为中心的教育模式一直处于优势地位，在职业倦怠的教学工作中时常表现为教师对待学生态度冷漠，情感衰竭，无心问津，放任自流。而学生却表现为机械性地接受知识，忽视学业情绪在知识获得与应用过程中的作用，缺乏对求知的主观能动性与积极创造性。因此，我们有必要深思传统教育的衍生品对学生个性发展的危害，大力推广积极教育的理念和价值，增加教育的正面成分，以积极教育取代传统教育。

传统教育的困境不仅仅表现在中国教育发展史中，也呈现在西方传统教育自身失衡的问题上。西方教育作为人的一种教化而得到存在和发展，教育成人的主要任务表现为三个内容：一是纠正人的缺点，帮助有问题的人消除问题并使他们得到应有的成长与发展；二是使人更具有生产性和道德性，即使原本是生物意义上的人具有一定的知识、能力和社会道德而成为社会人；三是在对人进行鉴别的基础上使天才得到充分的发展。这是第二次世界大战前和平昌盛时期西方教育作为前瞻性思想对人的培养教育理念，在一定程度上与人类的理想教育相一致。然而，在战后疮痍满目的现实生活，病理医治的国际背景下，西方科学性教育核心思想被逐渐隐去，而以问题、实用为价值导向的病理性教育模式已占据战后西方现代教育的统治地位。在这种消极教育模式下，西方教育成人重心发生了质性的变化，即对人的本质教育成人的教育理想转移至对人的功能性修复受损，教育的最主要价值就是发挥教育对人的行为矫治功能，使有问题的学生朝向正态化、常态化发展以服务社会建设，漠视人的潜能实现和积极优势，将人的教育过程机械地看作病理式分析和治疗过程，割裂了人的心理系统整体性思想，忽视了教育对人的积极特质、积极情绪情感以及人性的意义和价值的思考。因此，纵观国内外教育发展历程所面临的"教""学"困境，以及传统教育的背后所隐藏的教育价值观问题，促使许多教育专家、学者积极探索成功教育发展之路。

二、 教育伦理的呼唤

传统教育的现状和困境与农业社会、工业社会的生产力发展水平息息相关，在以精细的社会分工、高效的劳动效率为时代标志性的工业化社会背景下，教育的发展模式也呈现出非人性化、商品化、产业化走势。随着社会发展进程逐渐步入以全球化、信息化为标志的后现代工业社会，教育学者、教育主体、社会人士以及国家治理对传统教育伦理的人性化缺失与重建做出了积极呼唤与有力推动。

综合国内外研究学者针对教育伦理的研究，主要表现为三个方面：第一，在我国古代传统文化教育伦理思想中，积极倡导教育的伦理要重视人伦关系、人道主义、人性发展的积极培育。其中，人伦关系主要指教师与学生的积极相处之道，尊师重教是人伦关系的核心；人道主义是强调教育应以仁爱为指导思想和基础原则，要求教师应关爱学生成长，了解每个学生的个性差异和需求结构，尊重每个学生的心理水平、发展差异和积极促进每个学生全面而又个性化的发展，力图培养具有仁爱之心的人格品质；人性化发展是指在教育的积极作用下帮助人转变为真正的"人"，集中体现为在教育的积极推动下，使人成为一个功能完善、人格至善的人。第二，西方教育伦理思想集中表达了教育的本质应追求真、善、美相统一的过程。"真"体现了教育的价值应培养人对真理的尊重和推崇，重视个体明辨是非、去伪存真的道理，积极培养人们理性思维、智慧心理和诚实待人的品质；"善"突出了教育的目的应以至善为价值导向和最高道德，积极主张把"人"培养成为具有良心与社会责任、诚信友善且同呼吸共命运的好人共同体。第三，近现代教育伦理思想在继承中外优秀传统思想的基础上，结合国情需要、教育实情的发展现状并创造性提出有关现代教育观、师生观、教学观、学生观以及"立德树人"新型教育伦理思想。可见，教育伦理的思想是在一定的教育实践历史条件下，由于现实教育、理想教育与社会要求不适应而产生的一种"百花齐放、百家争鸣"的教育智慧，在一定程度上反映了人们对传统教育或者现实教育的不满，积极呼吁在教育伦理思想引导下积极教育的莅临。

三、 积极心理的启发

第二次世界大战后世界各领域呈现出千疮百孔、断壁残垣的社会景象，在工业化发展进程中产生的以资本逻辑、效率优先、专业分工为时代标准的功能实用性价值取向的社会背景下，病理医治模式的社会治理结构风起云涌、风靡全球。病理医治式社会治理模式注重强调以社会问题功能性、实效性解决为思维导向，过于关注事物的问题面和消极面，忽视事物发展的潜能及其正面。在这样的宏观环境影响下，心理学研究范式也呈现出积极关注人的"问题"解决及其"消极"特质，紧紧围绕修复创伤、纠正错误、消除痛苦、弥补缺陷的目的开展具体的研究。然而，在 20 世纪中期伴随着美国以马斯洛、罗杰斯为代表的人本主义学派的兴起，认为人具有先天的自我实现的潜能与价值，相信人能运用自己的先天意志和优势品质自觉实现未来美好生活的本能。

在人本主义思潮推动下，响应战后人们对美好生活向往的社会现实需要，在美国心理学家马丁·塞利格曼倡导下，积极心理学作为一种新的心理研究范式走上历史舞台。马丁·塞利格曼（2000）指出："积极心理学的目标是催化心理学重点的转变，从只专注于修复生活中的糟糕之事到兼顾对人类积极素质的培养。"可见，积极心理学不仅关注传统心理学消极特质的研究，还肩负起对人类积极人性、优势品质、积极素质等积极层面的培养责任。积极心理学有别于传统的"病理"心理学，积极心理学研究重点从传统研究范式以机能修复、问题解决、消除痛苦、矫正品行等问题导向为中心的研究取向解放出来，并以更加独特、开放、包容、共享的姿态朝向积极关注优势美德、优势潜能、优秀品质、美好心灵以及积极情绪体验和心理幸福感等人性正面特质研究范式而转变，是一种对人心理消极特质的研究价值取向向积极关注人的积极基因、积极特质、积极品质以及群体心理的积极环境系统而转变。因此，积极心理学是一门以人的先天积极基因为研究基点，以追寻美好生活、幸福人生为终极目的，力图促进个体积极基因优化升级，并提升其心智、情感与道德水准，实现整个人类共同和谐发展的幸福科学。积极心理学以更加开放、兼容、共享、共赢为特征的人际互动模式去看待人的本质，挖掘人的潜能，协助个体发现并利用其心理优势与内在资源，力图生成积极特质的协调、生态、可持续发展。总而言之，西方积极心理学的兴起对当时世界心理学发展产生了积极的影响，同时也为积极教育的提出与发展奠定了理论基础和实践指导。

四、 积极教育的莅临

随着社会发展的转型以及后工业社会的产生，现代教育模式的良性运行需要建立在适应时代社会生产力的基础之上向理念性、实践超越性转变。受积极心理学的影响与启示，基于西方传统教育的现状与缺陷，一些积极心理学家开始把积极心理学理论与方法运用于其他学科领域进行应用研究，因此在此基础上教育领域的专家学者发现了传统教育的问题并提出了积极教育的理念。"积极教育是教育模式在范式上的变革，它既关注教育，又关注幸福。"积极教育既是对传统教育的一种补充，也是促进人类全面发展的幸福教育。正如 Seligman 等（2000）所建议，"在对儿童和青少年的教育过程中，应当着眼于未来，要更多关注他们在积极情绪、社会责任、人生意义、人际和谐、成就、意志、自由、成长等向积极方面的发展"。此外，美国心理学家雷扬和迪赛、马霍尼和博格曼以及温纳、西蒙顿等人分别从人性的自我决定本能、积极适应、天才培养、创造力开发等视角具体阐述了积极教育的观点，为推动积极教育的诞生与发展提供了理论支持与实践指导。

可见，积极教育应包含三层含义：第一，积极教育是一种告别了过去过度重视"问题人"矫正或传统消极教育，抑或以学业为重的现实教育，开始积极关注人性潜能、特质优势的积极面。从一定程度上来看，并没有否定传统教育的功能和价值，而是一种对传统消极教育的补充与完善，是一种基础教育和人格发展并重的教育，集中体现了人的全面发展观理想教育。第二，积极教育是面向全体学生的幸福教育。传统教育更加偏好于对部分"问题学生"进行医病式诊断分析并对症下药，积极纠正部分学生的异常行为，而忽视健康学生和不健康学生的先天优势和积极人性的生态性发展教育，对全体学生的人格健全发展产生了消极影响。因此，积极教育是一种积极的主体性教育、整体性教育、系统性教育和个性化教育。第三，积极教育认为人具有先天的意志、自由、潜能的优秀特质，信任人具有自我决定积极建构自我预防的本能。因此，积极教育可以通过教育者积极关注学生的人性优势，增加受教育者的积极情绪体验，在积极的师生互动场域中，让受教育者内省、发现并自觉利用自己与生俱来的、先天固有的积极优势和品德资源，通过同化、顺应心理机制，发展更多有利于身心健康发展、人与社会友善的教育品格，最终帮助受教育者建立起稳定的积极人格，成为幸福的进取者。

第二节　积极教育的思想本质

积极教育是以开发个体潜能为基点，激活个体积极情绪为动力，利用教育主体积极心理资本和学习主体基因优势，协同促进个体主动建构积极求知、完善美德并增加获得感为核心的幸福教育。积极教育最核心的思想就是教育者建立在个体积极基因的基础之上，引导并促使个体正面情绪情感的唤醒和升温，在积极教育行动下帮助学习主体发现并利用自我的积极特质和先天优势，调动个体全部的心理资源以达到开发自我潜能、自觉完善美德、实现人生幸福的自我教育之目的。因此，研究认为积极基因是基础，开发潜能是核心，激活情感是关键或表现，实现幸福（美德）是结果。积极教育本质是一种幸福教育、生态教育、建构教育。

一、 积极教育是以探索美好生活为宗旨的幸福教育观

随着经济基础和社会结构的稳定，在其基础之上产生的理想教育也呈现出人本复归的"自我实现"思想。从教育根本宗旨分析，研究认为积极教育是以探索生命美好生活与人类社会和谐发展相统一的幸福教育观。正确理解这一科学内涵可以从以下三个方面入手：

第一，在传统观念与现实教育中，以行为矫治、问题修复以及应试教育为导向的教育价值观，忽视了人先天积极基因的价值和潜能，把人的教育过程看作一种被动的只会对外界刺激进行机械式、非人性化的反应，使人的主动发展倒退至被动的情况。传统与现实教育违背了人的意志和情感，其教育的发展也表现出消极特征、非人性化趋势。传统观念的影响、现实教育的现状以及教育伦理的呼唤，为理想教育探索美好生活的需要也渐渐显现。

第二，积极教育以人的美好生活为信仰追求，让所有人过上幸福的生活。积极教育不仅仅是改善传统教育中的"问题人"，对正常健康的学生也进行有针对性、发展性的设计指导，使每个学生的积极基因和优势潜能能得到充分的发展并实现完美的幸福生活。积极教育不仅注重以"求知"为学习目标，而且还强调培养"知识以外"的素养。例如，加拿大心理学家史蒂芬·平克认为，"知识之外"的素养具体包括了设计感或美感、快乐感、意义感、形象思维、引起他人共鸣与共情能力等六个方面。然而，我国清华大学彭凯平教授研究认为积极教育的内容除了"乐观性格教育""社会关系教育""健康生活习惯教育"之外，还应包括以下四个方面：情商教育、幸福教育、利他教育、美德教育。可见，该理念集中体现了积极教育价值的人本关怀、积极人性的友善博爱思想，进一步推动了教育本源的人性回归。

第三，幸福教育不是一种纯粹的自我满足的绝对需要和个性自由，而是与

社会发展、人类幸福相统一、相适应、相协调的辩证发展观。任何人都不能完全脱离于社会群体而独立、自由地存在和发展，美好生活的建立需要我们每个成员共享智慧，发挥优势，整合其积极资源，最终实现个体层面的积极体验和集体层面的积极体验有机结合。

综上所述，积极教育的理念符合我国当前基本国情的需要，中国特色社会主义进入新时代，我国社会主义主要矛盾已经发生实质性转变，在满足广大人民基本物质需要的同时，应积极增加改革开放以来发展成果惠及广大群众的主要任务，以提高人民群众的获得感和幸福感。基于现代社会矛盾导向的教育机制，在教育理念上要更加突出"让个体拥有更多的获得感和幸福感"的需要。这不仅仅是我国教育深化改革的本质体现，也是广大人民群众最迫切希望的外在要求。

二、 积极教育是以建立积极特质为目标的生态发展观

真实的幸福是来自找出并培养你最突出的积极特质：优势和美德，并且在每天的工作、生活、休闲时能自觉地运用它，服务于内心的幸福。正确理解和把握积极教育是以生成积极特质为目标的生态发展观，需要从以下四个方面进行阐述：

第一，积极教育是以建立"标志性品格"为目标的价值目的。Seligman（2000）从人格特质入手对积极教育展开研究，认为人具有意志、自由和潜能，但这种先天性积极基因需要标志性品格（Signature Strength）来启动。标志性品格囊括了智慧和知识、勇气、仁爱、正义、节制和精神卓越等 6 项基本美德，且具体表现为 24 种人格特质。标志性品格正是这 24 种人格特质随机混合而成，且反映着每个人的独特品格面貌。因此，在积极教育中，教育者要运用语言魅力设计积极教育行动，激活受教育者积极情绪体验，帮助受教育者发现并利用本身所固有的潜在积极特质：优势和美德，将其作为达到解决问题之目的的心理资源。优势与美德是积极的人格特质，它会带来积极的心理感受和满足感。

第二，积极教育培养的模式是对传统教育的扬弃和重构。人不仅仅要改过自新和弥补缺陷，还希望发现自己的优势，并利用优势品格寻找人生的意义。生理心理学研究表明，积极教育培养目标符合人类大脑活动规律，对培养个体高级脑细胞活动能力具有重要的生物学意义。积极教育以建立积极特质为目标，吸收了传统教育的合理成分，摒弃了违背理想教育不合理的要素，积极培育个性发展与时代要求相统一的人才观。

第三，积极教育培养的目标是一种生态型发展观。传统教育太过于关注人的消极特征，过度重视"知识"的索取，而严重忽视了人性积极正面和优势品质的潜能开发。当我们在专注于别人的问题缺陷、知识掌握时，潜意识会自发浮现以问题解决为思维路线的互动模式，而教育的重心和责任自然定位在教育者本身，教育主体与学习主体的角色也必然形成"主导－从属"的等级关系，不利于建立和谐友善、生态文明的新型师生观，这种被动的医治模式也必然引起消极负面的互动循环，对受教育者乐观型人格特质的培养产生了严重的消极影响；当我们转向积极教育目标，积极关注人的积极特质（优势和美德）时，教育者很自然地将自我积极和幸福的递质信息传递给受教育者，在积极的新型师生人际互动环境下，受教育者会激发其动力和能量，洞察自我积极特质，利用其优势和美德对问题加以解决，并自觉养成良好的乐观风格和优秀品质，对自我发展、社会和谐、人类命运产生积极的生态化影响。因此，美好的生活是个体通过自己的优势和美德自发地去创造真实的幸福和丰富的满足感。

由此可见，积极教育生态发展观与当前我国大力倡导"立德树人""全面发展观"等教育思想在逻辑体系、实践方式和价值观念上具有内在的一致性，集中体现了仁爱至善的教育思想。在 Seligman 等（2009）看来，若对青少年实施积极教育，注重塑造积极人格，在一定程度上对显著缓解和积极预防青少年心理困扰、抑郁症状以及反社会行为（攻击和犯罪行为）具有重要的实践意义。

三、 积极教育是以增加积极情绪为动力机制的教学建构观

从教育的目的与手段分析，研究认为积极教育是以增加积极情绪为动力机制的教学建构观，集中体现了积极情绪作为一种重要动机，对自我发展、教学建构的导向性意义。正确理解积极教育教学建构观应从以下三个方面入手：

第一，积极教育是一种以增加积极情绪为教育路径，并以发展教育品格为目标导向的教育过程。有研究表明，积极情绪对人的成长与进步有促进作用，处于积极心态环境下有利于提高人的认知效率和心理健康水平，发展更多亲社会行为。相反，处于消极情绪状态下个体会表现出活动效率低下，认知狭隘偏激，卫生水平欠佳，以及焦虑、抑郁甚至攻击行为增加的现象。教育者要立足于个体潜能，诱导并激发受教育者积极情绪的产生，在舒心和信任的关系环境中产生"皮格马利翁效应"：期待与赞美能产生奇迹。可见，我们要不断学会运用语言的艺术和魅力，用心发现其独特的视角并用欣赏的眼光去看待学生的成长与进步。欣赏会给我们产生一种积极的力量与营养，并创造出生命中的意义和美好，从而让我们的内在形成一个积极、正向的良性循环。

第二，积极情绪具有扩展与建构功能。积极情绪扩建理论认为：积极情绪扩展并建构了个体的智力、社会和身体资源，使个体成人后可以立足于社会且有所依。个体在积极的情绪中将会产生一种非特定行动的趋向，个体会变得更加专注并且开放，在此状态下，促使个体积极探索心理空间并思考诸多行动的可能性过程。拓宽其注意、认知、行动的范围，有利于建构起持久的发展资源，改变人们原来的思想和行为模式并实现螺旋式上升。通过不断的螺旋式上升过程，主体的心理幸福感将不断提升，并实现个人心智、情绪情感、社会行为结构性成长。积极情绪的扩建能够满足多层次的需要，增加个体更多的创造力，改变个体与世界互动的方式，有利于建立持久的关系，提升个体心理幸福感，实现完美人格的塑造和改变。

第三，积极教育是以增加师生获得感为核心的教学相长观。获得感是获得的主观感受，它是建立在客观获得的基础之上，对客观获得的主观感受。积极

教育中的获得感是具有客观存在性的，师生通过积极的相互作用，以积极情绪为发展动力，发现并利用优势和美德解决当下问题，进一步丰富和发展自我内涵，获得自我解放，最终实现完美的人格品质。积极教育的获得感具有公平、公正的特点，并不局限于个体的获得感，而是整体性的获得感，保证教育中的每个成员都能够公平、公正地共享人格发展、自我实现。

如何实施积极教育使师生增加获得感，以促进教学相长，改善师生教学精神面貌？笔者认为：其一，积极关注学生的进步。赏识教育是利用皮格马利翁效应激发个体积极情绪体验，以增加积极情绪、积极认知、积极特质的获得感。积极关注学生的进步，不仅有利于学生收获更多的积极情绪特质和积极人格特质，而且教育者深刻体会到自己的学生在教师的积极引导和激发下产生了积极的变化，对教育工作者而言，这也是一种喜悦和幸福。同时为改善教育者职业倦怠心理，促进师生绿色生态发展提供了源源不断的社会心理资源支持。其二，诱导积极情绪的生成。积极情绪体验可以分为两类：一是感官愉悦，二是实质性享受。前者积极情绪主要来源于个体感官的直觉体验，是平衡身体需要的直接动力。在教育中可以运用感官享受的现代化教学设备、语言魅力等多样化丰富性授课风格，以激发学生的学习热情和积极情绪。当然我们在加强学生积极思想政治教育中，也可以通过网络媒体作为育人的载体，激发积极情绪，以增强受教育者思想政治教育接受心理的实效性。后者是指个体利用了自己的积极特质，打破了原来固有的某种自我平衡，并超越了个体自身的原有状态而产生的一种"高峰体验"。拉尔森研究青少年发展，强调教育要设计非结构性和结构性活动来启动学生的内在学习动机，从而发展学生的主动性和创造性。因此，教育要设计个体潜能发展的非结构性和结构性活动或情景，积极营造创造力发展的宽松、开放、包容、和谐的环境，帮助学生激发积极情绪和积极认知，利用自己的优势、美德和心理资源进行创造性行为，以获得更多的"高峰体验"。其三，积极教育既重视积极情绪特质的价值，也注重对消极情绪特质的潜在价值分析和积极意义的引导。马克思唯物辩证观认为任何事物总有矛盾的两面性，矛盾是贯穿于事物发生、发展的始终，科学分析并利用矛盾，促进矛盾积极转化，对事物的良性发展具有重要的意义。因此，积极教育的责任不仅要进行积极行动，激发个体积极情绪，使潜在的积极基因转化为现实的优势与美德，以实现个体完美人格与人类社会和谐发展之统一的目的。教育者还要以积极视角为切入点，对受教育者的消极情绪特质进行分析与引导，帮助受教育者生成积极的情绪体验和积极动力，在积极教育行动下实现消极情绪向积极情绪的能量转换。

第三节 积极教育的实践价值

积极教育实践在国外发展较为成熟，在该思想理念指导下已积极推广到西方教育、法律、社会、经济等各领域。而我国积极教育实践工作发展较为滞后，在教育领域也逐渐兴起。系统梳理与深入研究国外积极教育的思想和做法，对我国开展积极教育工作具有重要的借鉴及启示。

一、 大力推广积极教育的人本复归

近年来，在我国教育与课程改革影响下，教育也发生了明显的变化，但是深受我国传统教育文化和当代应试教育的影响，教与学仍处于游离状态。从当代教育现状来看，面对高升学和高就业压力，教师多表现为职业倦怠心理，积极情绪耗竭，偏重学生学业能力发展，冷漠处理师生关系的现象较为普遍，而学生在学业上也表现为学业倦怠心理，注重学业发展，忽视积极特质的培养，经常因人际、品行问题而发生心理问题、攻击行为，甚至走向犯罪道路。由此可见，缺乏温度的教育无疑是学校在新时代朝向一流的掣肘。当代我国教育现状与积极教育"以人为本"的思想相差甚远，教育的原价值是创新生命本质。在未来教育发展中，要大力推广积极教育的践行，将积极教育理念应用于教育的各个领域。积极教育不仅在教学规律上要充分得到体现，而且在学生思想政治教育过程中也要加强运用积极教育理念对思想政治教育接受的积极影响和现实作用，从根本上推进我国教育积极化、人本化、生态化发展，并以积极的姿

态向积极教育的宗旨和目标前进。

如何大力推进积极教育的人本复归？这是我国教育界需要严肃思考的基本问题。推广积极教育的人本复归，不仅有利于积极教育理念深入人心，形成信念种子发芽成长，而且对实现我国"立德树人"的远大教育目标具有重要的实践意义。基于国内外积极教育的实践经验，总结提炼出的积极教育的基本实践方式有以下三个关键流程：第一，积极心理学的基础培训。在这个阶段家庭全员、全体教师和学校管理人员都需要经过系统的积极心理学以及教育学的培训，学习相应的理念、知识及应用技能。而这一项积极教育的任务能否有效完成，对于全员教育者而言具有决定性意义。全员教育者不仅在理论知识上要具有很高的认同感，而且在技能的掌握以及积极教育融入自己生活的程度上都要有现状的体现，以指导教育者的一言一行。第二，积极教育实践的日常操作化。积极心理学的基础培训是为了帮助教育者了解并掌握积极教育"是什么"的问题，而积极教育的实践操作化是为了指导教育者在现实教育生活中具体应该"怎么做"，也就是积极教育理论与实践相结合、相融合的核心问题。无论在家庭父母教育方式上，还是在学校教师教案备课上，都要求教育者对教育对象进行可操作化的积极教育模式，这是理论联系实践，并创造积极教育价值的本质所在。第三，积极教育文化建设。积极教育文化建设在积极教育育人过程中发挥着耳濡目染的重要作用。通过对家庭、校园、社会等多层次、多方位的积极文化建设，发挥文化熏陶的育人功能，以促进个体在认知上产生积极思维，在情感上生成积极情绪，在行动上做出有利于自我、他人、社会等多领域的亲社会行为。

二、 开拓积极教育实践的多元治理

推行积极教育是当今世界教育界的一个新趋势，伴随积极教育理念的提出与发展，国外陆续引进积极教育理念并在学校范围内进行积极心理学的教育实践。为了更好地从事积极教育的理论研究与实践推广，世界各地区根据国情特点和需要，成立了有关积极教育的正式组织和非正式组织。例如：国际积极教育大会、英国伯明翰大学性格与美德纪念中心、澳大利亚吉隆文法学校积极教育实验中心、墨西哥幸福研究所、澳大利亚圣彼得学业、我国清华大学从2011年起实施的"幸福园丁"项目等。由此可见，积极教育实践治理呈现出向多元化、公共化、国际化方向发展的趋势。然而，我国积极教育实践参与治理的主体极为有限，有学者对我国积极教育现状做出研究，认为我国积极教育因应试教育负面影响而处于教育的游离状态，主要表现在：我国传统教育观念根深蒂固，学校积极教育缺乏制度保障，学校积极教育缺乏师资队伍，对积极教育存在歪曲认识等特点（罗佳，2017）。因此，亟须呼吁家庭、学校、社会、政府乃至国家等各阶层成立正式组织和非正式组织，根据治理主体的性质和专长参与积极教育实践的公共管理，确保积极教育实践治理不流于形式，要注重实效，在治理实践中积极发扬合作共享、机制创新的精神。例如：学校可以运用科研优势，积极开展对积极教育实践中积极心理特质测量、训练和教育方法的探索、训练和教育效果的评估以及特殊领域心理特质训练的应用等；家庭可以营造良好的家风、家训，为培育孩子的积极特质提供滋养环境；学校是积极教育治理的主场所，也是实施积极教育实践的中心，因此学校要积极转变观念，加强积极教育师资队伍建设，完善积极教育制度保障，确保积极教育有制可依、违制必究；政府和国家要在顶层设计上多下功夫，进一步加强教育制度和课程体系深度改革，以适应积极教育实践的良性运行。

三、 建构积极教育本土的文化内涵

积极教育理念起源于美国Seligman积极心理学理论，积极教育培育的人格特质目标必然也存在文化差异性，已有研究表明：不同文化背景下发展出来的扎根理论及观点不完全具有普遍性，也就是说，针对同一个研究项目，以不同文化背景作为研究的样本所产生的理论观点具有差异性，不代表理论具有普世性。黄希庭（2017）在《人格研究中国化之我见》中谈道："人格是一个人的存在方式，受社会文化和历史的制约。当今西方人格心理学不是普世的人格心理学，它虽然有多种定义，但其核心是强调个人的独特性。中华文化注重个人所肩负的社会义务、历史责任和道德价值，强调个人要正确处理与他人、集体、社会、自然界的关系，而不是个人的独特性。"姜勇、柳佳炜（2020）研究认为"心本体"的教育主张是中国教育学的文化魅力之所在，是中国传统教育的核心体现。可见，积极教育培养的目标蕴含着积极特质的具体内容，仍需要结合中华文化和本土国情，积极探索积极特质的跨文化等价性比较研究。同时，研究认为在中国文化特有的情境下模拟训练是培养和提升积极心理特质最佳的方法，并且在教育、国防、法律、外交、经济等方面都有很大的意义和价值。

由于大部分的积极教育起源于西方国家，因此有教育学家担心西方的理论体系可能不适合中国文化。这也体现了积极教育本土化工作的重要性。任何一门学科的发展都有其特定的历史条件，我们应当批判性地学习，取其精华，去其糟粕。积极教育在中国的实践已经有 10 年的发展历程了，我国的教育学家、心理学家和教育工作者都在努力地根据中国文化、当地条件持续地改良以及适应性地发展符合中国国情、具有中国特色的积极教育。至今，经清华大学心理系与积极心理学中心直接指导并深度实施积极教育的学校在全国已有数十所，如清华大学附属小学、凤凰城中英文学校、江阴中学等。经清华大学社会科学院"幸福园丁""积极心理学指导师班"等培训的学校校长、骨干教师超过 1600 名，自行创立与实施积极教育项目的学校越来越多。

实践基地学校的多样性和差异化程度高，其中既包括小学、初中、高中、职业中学，也包括私立学校、公立学校及国际学校。实践学校根据所处地区的管理规定、本校特色和教学需求，会对积极教育项目进行适当调整并进行再创造，形成自己的特色。从这些实践案例中我们发现，积极教育不仅对美国、英国、澳大利亚等国的学生有效，对于我国培养学生健全的人格、提升学生的学习能力以及获得幸福的能力等方面同样效果显著。

第二章

人际获得感的核心内涵与理论基础

习近平同志在不同场合多次提出关于"获得感"的概念:"让人民群众有更多获得感","不断增强人民群众获得感、幸福感、安全感"。通过对"获得感""人际获得感"基础概念的研究,为进一步把握人际获得感的结构与特点具有重要的理论意义。

第一节　获得感的提出及其概念解析

"获得感"一词首次进入人们的视野,源于2015年2月中央全面深化改革领导小组会议上习近平总书记的重要讲话精神,随后迅速成为社会各界热议的重要概念。党的十九大报告进一步指出,要"不断满足人民日益增长的美好生活需求,促进社会公平正义,形成有效的社会治理、良好秩序,使人民获得感、幸福感、安全感更加充实、更有保障、更可持续"。因此,"获得感"作为一个非常具有中国本土特色的新概念,已成为评价社会治理成效和民众社会生活质量的一把重要标尺。

综观历史研究文献,关于"获得感"概念界定,学术界普遍认为"获得感"是个体基于对外界客观环境索取过程或结果导向的一种心理满意程度或主观感受评价。"获得感"不仅具有物质层面的获得,也有精神层面的获得;既有看得见的收获,也有看不见的收获。例如:国内学者张品(2016)指出"获得感"是对"获得"的主观感受,是建立在"客观获得"的基础上,是对

"客观获得"的主观感受。王浦劬、季程远（2018）研究认为，"获得感"指的是多元利益主体在改革和发展客观过程中对自身实际所得的主观评价，包括物质层面和精神层面的获得。可见，两种观点对获得感概念着重强调获得的"主观感受"，即包括物质和精神两个层面。而谭旭运、董洪杰等（2018）在研究获得感概念时更加注重从心理学视角来看待获得的心理过程，研究认为获得感是民众在社会改革发展中对其需求满足过程和结果的主观认知、情感体验和行为经验的综合反应。综上，前者是获得感的生成基础，后者是获得感的约束条件。两者是一种前因后果的本质关系，正确理解其内涵，可以从以下几个方面入手：其一，"获得感"的前提基础既包含了当代的经济基础，也包含了与经济基础相适应的上层建筑。该前提条件强调在国家改革发展过程中的实际"收获"，这种实际收获不仅包括了现阶段改革发展的物质成果，也囊括了基于经济发展的水平所建构起来的社会文化、社会结构、社会阶层、人性价值观等具有特色化导向的精神文化体系。其二，基于"获得感"的物质和精神层面的感知过程，人们通过多种心理活动的调节影响，进而生成对实际"获得"所体验到的一种心理满意度或主观评价的过程。因此，获得感具有一定的主观性，可能与事实条件不符合。其三，"物质获得或精神获得"和"主观感受"两个层次具有前因后果的本质联系，"物质获得或精神获得"是前因变量，"主观感受"是结果变量。同时，在某种程度上，两者关系可以进一步转化："主观感受"对"物质获得或精神获得"具有反作用。

关于获得感相关概念辨析，与之相对立的概念是剥夺感。加强对剥夺感概念的理解，将会对获得感的内涵和外延的深入理解具有重要的意义。关于剥夺感概念的内涵和外延，现有的研究主要是从以下几个角度进行阐释的：一是注重愤怒、怨恨、不满等主观情绪的考察，认为相对剥夺感是"人们的一种否定性主观心理感受"（罗桂芬、白南风、仇雨临，1994），是"个体或群体在将自己的利益得失与他人或他群进行比较时，认定自己本应得到的东西没有得到而产生的一种不公平感"（罗桂芬，1990）；二是强调选择参照对象，认为相对剥夺感的产生源于与参照对象的比较，是一种相对而言的心理失衡；三是评估期望与能力之间的落差，认为当价值能力无法满足价值期望时，人们会产生失落和无力感。"当人们在社会生活中实际所获得的生活条件和机会低于或远远低于他们所期望得到的生活条件和机会时，他们就会产生被剥夺的感觉。"（田为民，1999）虽然上述三种观点的视角有所不同，但内容上并不冲突，如对其整合，则有：社会剥夺感是指个人或群体在与特定参照对象（可以是他人，也可以是自己的过去和对自己的期望值）相比较的过程中产生的一种不平衡心态，是对自身利益被剥夺的一种抱怨和不满。可见，剥夺感与获得感的内涵，其本质联系表现在以下三个方面：第一，共同点都强调主体对当前获得内容所产生的心理感受。基于主体客观存在的物质或精神内容而产生的一种在心理上是否处于认知平衡的状态。心理平衡，则具有强烈的收获感或获得感。相反，则表现为剥夺感。第二，其心理机制的产生都源自主体对自我、他人历史经验的社会比较。社会比较心理机制是直接导致主体在某些方面是否生成被满足或被剥夺心理的重要因素。当社会比较产生自我优越感或心理满足感，将会促进主体获得感的形成；相反，将会产生满足感损失或剥夺感增加的心理反应。第三，两种都体现了主体对美好生活的向往是否得到充分的满足。"获得感"和"剥夺感"两种都与主体"希望"品格相联系，当在某些方面的希望或者愿望能够得到满足或实现，将会促进主体获得感产生；相反，将会产生剥夺感心理。

关于获得感内在结构研究，获得感内容丰富、层次鲜明，既涉及改革的多方面，又涵盖改革的全过程。这也导致了获得感的测量方法多种多样，尚无定论。其中，相对科学且具有代表性的方法有三种：一是关注获得感的比较性，认为获得感经由横向、纵向、跨层次比较等方式叠加而成，较具代表性的是从时空维度将获得感划分为横向获得感和纵向获得感（王浦劬、季程远，2018）。其中，横向获得感是一种社会比较的心理，人们往往喜欢通过与周围的人进行比较，从而产生与获得感相关的积极情绪或消极情绪。比如，当个体与同事在工资收入上进行比较时，若同类别岗位的工资要高于其他同事，我们会产生较高的收获感；相反，则令人失望，甚至是与愤怒等负面情绪高相关的低收获感。而纵向获得感是既可以和过去的自我进行比较，也可以与过去的年代在某些物质层面或精神层面上进行比较而产生的获得感综合性反应。二是关注获得感的多维性，主要以获得感所产生的获得领域来作为划分标准，将总体获得感细分为多个具体维度。例如，三维度观点是基于宏观层面导向的获得领域，将获得感划分为经济、政治、民生获得感（文宏、刘志鹏，2018）；四维度观点是基于中观层面导向的获得起源视角，将获得感分为个人发展感、社会安全感、社会公正感、政府工作满意度（吕小康、黄妍，2018）；五维度观点是基于获得起源领域的微观环境出发，认为获得感包括了五方面的基本内容：获得内容即对个体不同需求内容的客观获得和主观认知，获得环境即个体需求得以满足的主客观社会环境条件，获得途径即个体的自主能动性在需求满足过程中的路径作用，获得体验即伴随需求满足的过程和结果而产生的情绪体验，获得共享即在个体需求满足认知和情绪体验基础上产生的致力于自我实现的共享性行为（谭旭运、董洪杰、张跃等，2020）。另外，还有部分学者以大学生为研究对象，以大学生获得感的来源领域为划分标准，研究认为获得感可以划分为学习获得感、人际获得感、发展获得感、文化获得感、网络获得感等多维结构。三是关注获得感的潜在性，获得感隐藏在幸福感、阶层感知等显性态度之下，需要通过其他方法加以综合测算。如陈云松等以个人幸福感、阶层流动感和阶层自我定位为外显变量，通过潜类分析方法构建获得感（陈云松、张翼、贺光烨，2020）。综上所述，不同的学者基于变量聚焦的特性而发展出不同划分类别的标准，对本研究——人际获得感心理结构的构建与探索具有重要的导向作用。

关于获得感现状及其影响因素研究，实证研究发现，大学生在社会安全方面的获得感较高，但是社会公正感、经济获得感、公共服务（医疗卫生服务）获得感较低（陈云松，2018）。而影响获得感的因素大致可以归纳为以下三类：一是社会结构地位模型。社会结构地位意味着对财富、权力等资源的占有情况，社会结构地位（社会地位、家庭收入、受教育程度等）越高，从改革发展进程中获益的可能性就越大，获得感越强（袁浩、淘田田，2019）；反之，在改革发展过程中就更容易成为"获得"的边缘人。二是心理认知模型。获得感的产生受到个人心理特质的影响和社会心理活动的调节。进取性和人际主动性心理资本有助于提升获得感（曾维希、李媛、许传新，2018），而公平认知框架对获得感的生成存在诱导效应（黄艳敏、张文娟、赵娟霞，2017）。三是宏观政策模型。低保制度、扶贫政策等国家宏观政策的实施有助于缩小社会贫富差距，进而平抑社会不公平感和相对剥夺感，提高底层群体的获得感（张栋，2020）。可见，影响国民获得感的因素是多方面的，既有微观层面的人口学变量，也有宏观层面的社会学变量。三种模型较好地解释了国民获得感产生的原因和机制，在某种程度上为本研究影响因素变量设计提供了文献参考和研究智慧。

第二节　人际获得感的内涵与功能

马克思认为："人是一切社会关系的总和。"说明人的个性心理倾向和个性心理特征都被社会历史和社会关系打上了富有特色的烙印。个体心理卫生水平的形成与发展，由成长过程中的外在环境、社会结构、社会关系等多因素的相互作用、互为影响塑造定型而成。因此，在人际交往过程中，人们通过他人对自我整体性的评价、期待和具有社会符号意义上的互动关系——人际获得感——侧面折射出人际系统环境因素存在的互动问题，研究其内涵与功能为改善人际生态系统对个体心理健康的影响提供了理论意义。

一、 人际获得感的内涵

关于人际获得感的概念，综合国外文献研究，概念的界定仍没有统一的定论，大部分学者对人际获得感的概念研究都是基于个体动机的视角而进行界定的。人际获得感的研究兴起于 20 世纪 80 年代，首次提出这一概念的是美国心理学家罗森博格和麦卡洛（Rosenberg & McCullough，1981），他们认为人际获得感是一种动机，等同于重要性的概念，尤其是重要他人，例如亲密关系（家庭父母关系、友谊），其意见和态度将对个体的心理活动产生深刻影响。他们将人际获得感视为一种对个体行为产生双重影响的心理机制，其成分不仅包含了被关注，还包含了个体动机定向的双向性，体现了个体存在价值的"索"与

"予"的辩证关系。既突出了个体对他人思想和行为的影响与作用，也强调了他人对个体行为和成长的价值与意义。这种观点得到了大多数学者的认同，尤其是施洛斯伯格（Schlossberg，1989）研究认为人际获得感不仅是一般动机，而且是重要动机，是动机的最高层次级。施洛斯伯格把人际获得感看作一种信念系统，主观稳定而不以人的意志为转移。然而，马歇尔（Marshall，2001）对人际获得感概念提出了较为独特的见解，认为个体人际获得感的形成不仅包含个体与他人正向互动关系，也包括个体与他人负面互动关系，是积极评价与消极评价协同互动的结果。在后续研究中，人际获得感信息来源，不仅仅主要针对亲密关系中的重要他人，也拓展至一般关系他人对个体被重视程度的影响。埃利奥特（Elliott et al.，2004，2005）从人际获得感的本质定义上研究认为，人际获得感是指个体对自己在现实生活中所处的位置和重心以及对自我重要或获得程度的感知，体现了个体与他人的相互依存、相互影响的双向重要关系，既反映个体需要获得他人的社会支持，也凸显出他人对个体的心理依赖。这是目前使用最为广泛的人际获得感定义。

关于国内对人际"获得感"内涵的研究，总体状况数量有限。学术界研究代表性观点认为，人际获得感是"获得感"根据获得的对象属性而确定的研究类型之一，认为人际获得感是基于人际交往而产生的一种心理感受，注重得到，强调一种过程，有别于事情结束后的幸福感（韦耀阳、王艳，2020）。人际"获得感"主要是指在人际交往过程中的某些方面能够满足双方在交往过程中的需求，以及能够给予彼此持续交往下去的稳定感，是对人与人之间的关系产生、发展的规律的深化认知的结果（成琪、古瑛、徐咏仪，2018）。韦耀阳、王艳（2020）以大学生为研究对象，研究认为大学生人际交往获得感是大学生人际交往方面的精神获得。依据大学生的人际交往范围和学习交流方式，其"获得感"可分为人际交往知识获得感、人际交往能力获得感、同学关系获得感、师生关系获得感、社会关系获得感和亲密关系获得感六个维度。这种获得感慨包含在人际交往中获得的社交知识、技能和人脉，又包含获得了心理的满足、愉悦和归属感。而我国学者赵必华、袁颖（2016）对人际获得感概念研究也提出了自己的观点，认为人际获得感是一种主观评价，其感受可能与客观事实不相符合。

综合国内外及以上学者的观点，国内与国外研究观点既有本质的联系，也存在一定的区别。其共同点都强调了人际获得感是一种社会动机，是基于人际关系运行质量而产生的心理感受。异同点在于国内研究对概念界定更加抽象，偏好于对其人际交往积极成分的获得；而国外研究对概念阐述更加具体，具有可操性，强调得失运行的乘积之和对个体人际获得感的影响，既突出了人际互动的正向重要关系，也表明了人际互动的负向重要关系。可见，从人际获得感具体成分而言，认为人际获得感是指个体感知到他人对自己的关注和认可，同时认为自己对他人有重要影响且被他人需要的主观感受和心理倾向，其本质是一种社会性动机，对个体发展的作用受到了高度的重视。个体通常会以外周社会环境和社会符号的意义为探索，与个体自我概念、心理经验相作用，从而形成个体主观知觉和被他人看重的程度，对个体的情绪和行为产生深刻的影响。

二、 人际获得感的功能

人际获得感作为当代健康心理学的研究新视角，与个体的心理健康密切相关。关注人际关系积极因素获得感对丰富健康心理学理论，指导心理健康教育工作具有重要的理论意义和实践价值。

第一，人际获得感对个体的身心健康具有重要的意义。有研究表明：人际获得感状况与个体的自尊、心理健康、集体归属感、主观幸福感等社会学变量相关联。个体人际获得感程度较高，不仅有利于提高个体心理健康保健功能，还能促进个体积极适应社会。因此，人际获得感较高的个体，其心理健康水平、主观幸福感、生活满意度就趋于满意；相反，较低的人际获得感会导致个体较多的负面情绪和行为，例如：焦虑、抑郁、紧张、不安等。当然，也有学者认为人际获得感非常高也不利于个体心理健康的形成。过高的人际获得感，将会迷失自我，使自我异化，社会价值条件影响了自我真实价值的健康成长，有碍于适度心理健康水平的建立。

第二，人际获得感对个体组织承诺、企业生产效益具有积极的导向功能。

人际获得感水平直接影响了个体对组织的归属感，间接影响了员工组织承诺的态度，对企业生产效益、员工离职率有重要的社会影响。一般而言，个体人际获得感水平较高，会生成较高的组织归属感，对组织承诺具有正面的预测效应。另外，研究发现人际获得感程度与工作压力之间存在一定的内在关联。一般情况下，在公司人际获得感程度高有利于提高员工的工作积极性和工作效率；相反，会导致较高的职业倦怠和职业动力不足等消极情绪和离职行为。然而，相关研究进一步表明，个体人际获得感与工作压力呈倒 U 形关系，个体人际获得感程度过高或过低，都不利于个体身心健康及工作效率的提升。而人际获得感处于中等程度水平，会导致压力适中，非常有利于个体唤醒工作动机、提高工作效率，尤其是员工正在执行高难度任务时，其人际获得感水平适中对企业员工挑战自我、健康成长具有重要的意义。

第三，人际获得感研究表明，"获得感"对于人的全面发展、解决好现实问题、提升个人幸福指数、实现人的自我超越具有重要作用。个体人际获得感越强烈、满意，越能激发积极情绪的体验和生成，将会进一步促进个体全面发展和品格建设，对主体人格完善、自我超越具有重要的意义。从社会发展角度看，人际关系"获得感"的研究有助于践行社会主义核心价值观，形成正确的义利观。马克思指出："人的本质不是单个人所固有的抽象物，在其现实性上，它是一切社会关系的总和。"人与人之间的交往和联系，便形成了人际关系的网络空间。如果社会个体都能在惠及改革发展成果的社会背景下获得良好的人际关系，那么从人际发展到社会关系网络运行，整个社会将会以积极社会心态践行社会主义核心价值观。良好社会风气的营造和净化，必将引起社会成员核心价值观的形成和品格教育的塑造。

三、 大学生人际获得感的内涵与意义

青年大学生是祖国的未来、民族的希望。正如习总书记所说："青年兴则国家兴，青年强则国家强。"大学生人际获得感的状况关乎未来社会发展的稳定和中国梦的实现。研究大学生人际获得感的内涵及其意义，有助于深刻把握

大学生人际关系发展的特征，对构建大学生人际获得感的结构模型具有重要的基础性意义。

（一）大学生人际获得感的内涵

国家《中长期大学生发展规划（2016—2025 年）》提出："要坚持以青年为本，尊重青年主体地位，把服务与成才紧密结合，让青年有更多获得感。"大学生是新时代改革发展成果普及受惠的重要群体，大学生感知当下获得感的心理满意度和主观幸福感，对践行社会主义核心价值观，凝心聚力实现中国梦具有重要的意义。关于大学生人际获得感的内涵研究，目前学术界还没有统一的定论。综合对人际获得感相关概念的研究，认为大学生人际获得感是指基于新时代改革发展成果惠及全体国民的社会背景，所建构起来的社会阶层环境、社会关系模式以及人际意识形态价值体系。基于此，大学生群体在人际信息沟通和与人交往的过程中，所体验并产生的一种精神层面上的重要感、满意度、幸福感。正确理解这一概念，可以从以下三个方面入手：其一，从宏观条件来看，大学生个体所产生的积极获得感情绪体验，与当下的良好社会环境和交往风气密切相关。离开了这一宏观层面的物质条件，必然不可能产生与之相应的精神获得感。其二，从中观层面来看，大学生产生人际获得感的积极体验，是从现实具体的人际沟通和具有社会符号意义的人际互动过程中所体现出来的，基于宏观层面导向的社会改革发展成果所建立起来的意识形态体系和社会关系运行模式。结合社会主体性的个性心理与行为倾向，在具体现实中与人沟通与交往，便形成了具有差异性的人际获得感。其三，从微观环境来看，其心理过程的认知与体验，最终形成一种较为复杂的心理感受。这种心理感受是在具体的人际交往过程中产生的，既有积极的人际获得感成分，也有消极的人际关系丧失感成分。从某种意义上来说，人际获得感是大学生基于人际交往场域，并与人们发生人际互动和情感作用的结果。

（二）大学生人际获得感的意义

研究大学生人际获得感，对大学生发展与教育有着重要的现实意义。具体表现为以下几个方面的内容：

第一，研究大学生人际获得感，对丰富习近平总书记关于青年工作重要思想，充实思想政治教育理论学科具有重要的理论意义。"青年强，则国家强。"大学生是国家永续发展的支柱动力，大学生价值取向的积极与否决定了未来社会发展的运行模式和发展走势，对能否实现我国社会主义现代化建设具有重要的影响。研究人际获得感，以大学生群体为研究对象，聚焦大学生群体的心理健康和生活满意度，建构大学生人际获得感的心理机制。通过量化与质性研究相结合等方法手段，调查分析大学生人际获得感的现状与特征，并提出大学生人际获得感的提升路径。这一研究过程，不仅有助于丰富和深化习近平总书记关于青年思想，而且对充实和完善思想政治教育理论体系建设同样具有重要的理论价值。

第二，研究大学生人际获得感，对调节大学生心理健康，优化心理健康水平，提高个体幸福感具有重要的意义。有研究表明，人际获得感水平的高低对主体身心健康具有重要的影响。个体人际获得感愈丰富、积极正向，个体的心理健康状况愈良好；相反，个体人际获得感越少，个体在心理上将会产生越多的社会剥夺感，不利于心理健康优化和升级。通过对大学生群体人际获得感的调查研究，分析其现状与不足，对进一步提出大学生人际获得感干预性措施和具有针对性的养成教育模式的构建具有重要的现实意义。

第三，研究大学生人际获得感现状，有助于优化大学生人际获得感水平，破解大学生人际获得感问题，对大学生积极践行社会主义核心价值观，促进大学生健康发展、社会适应具有重要的现实意义。大学生是践行社会主义核心价值观的重要群体，也是推进社会主义核心价值观落地生根的力量之源。研究大学生人际获得感状况，目的是通过实证调研分析其问题及其成因，并提出大学生人际获得感优化路径，进而破解大学生人际关系缺失感，以促进大学生人际获得感整体提升。基于大学生人际获得感整体水平的提升，大学生群体在充满人际获得感积极情绪条件下，人与人相处的模式逐渐转向和谐共处、友善至上的发展氛围，从而内化对社会主义核心价值观的情感认同，并转化为社会利他行为。

第三节 人际获得感的理论基础

对任何一种概念内涵的深入探讨都是基于一定的理论渊源而展开研究的，充分挖掘概念内涵的思想起源，对增强该研究领域的问题意识，创建其核心内涵的理论架构具有重要的意义。本章基于人本主义、认知主义研究范畴，对人际获得感理论基础进行内在关系的建构。

一、 需要结构导向的人际获得感理论建构

关于需要结构导向的人际获得感理论建构，主要表现在两个方面的理论思想上，即马斯洛需要层次理论和奥尔德弗 ERG 理论。

（一）马斯洛需要层次理论与人际获得感内在关系的理论建构

马斯洛（Abraham Maslow）是人本主义心理学派的重要代表人物之一，其需要层次理论主要观点：（1）人类行为的心理驱力不是性本能，而是人的需要，并对人们的需要系统进行了类别化和层级化。（2）人们的需要系统具有自然属性和社会属性，并根据属性的本质需要，认为个体的需要模式在一定程度上是存在序列性、生成性和回归性的特点的。（3）个体的需要等级一般会按照金字塔模型生成需要的属性，认为人们的需要可以由低级向高级模式运行，即安全需要，归属与爱的需要、尊重的需要、认识需要、审美需要、自我实现需要。其中，生理和安全需要可以归属于自然属性，是人们的最基本的需要，而后面的需要则是个体的成长性需要，是人区别于动物的本质需要。（4）人性发展的基本倾向是建设性的，人有追求美好生活、为美好生活而奋斗的本性。健康代表着人格的健全和人性的丰满发展；病态是健康人格的异化。另外，马斯洛还具体提出了"高峰体验"和自我实现的观点。关于需要层次理论与人际获得感内在关系的理论建构，主要表现为以下三个方面的内容：

1. 人际获得感是一种成长性的心理需要。马斯洛认为，人的各种需要可以归纳为五类即五个层次，从低级到高级逐层排列，类似于金字塔的梯级形式。这五个层次分别是生理的需要、安全的需要、社交的需要、尊重的需要和自我实现的需要。后来，他把需要分为七个层次，即尊重的需要与自我实现的需要之间增加了认知的需要和审美的需要。认知的需要是指对于知识、理解的需要，包括了解自己和认识周围世界的需要；审美的需要是指对于审美和欣赏的需要。1970 年，他又将需要归为基本需要、心理需要和自我实现需要三个层次，并且在自我实现的需要之上增加了超级需要，但现在在心理学论著中提得最多和影响最大的还是他的五层次需要论。他认为，若一种需要得到满足，另一种需要就会出现；若较低层次的需要一直处于不满足状态，则较高层次的需要就不会产生。他还认为，高层次的需要，不仅内容比低层次的需要广泛得多，而且实现的难度也大，因而满足的可能性更小。综上，需要层次论的结构性需要，尤其是高级需要中的人际关系、自尊等人际情感性需求，充分表达了一种主体在人际交往中希望能获得丰满的人际获得感积极体验之诉求。可见，人际获得感是一种成长性的心理需要，人们需要通过与人为善积极建立优质的人际关系以达到自我人格健康的臻美状态，从而获得心理的愉悦和满足，增进其心理幸福感，为自我实现动力提供源源不断的社会支持。

2. 人际获得感集中体现了主体情绪情感上的"高峰体验"。高峰体验是指人在进入自我实现和超越自我状态时所感受的一种广阔和极度兴奋的喜悦心情。在这种体验中，人处于一种忘我的无忧无虑的心境中，能消除畏惧的干扰，趋向积极的追求，因而容易获得成功。他认为，高峰体验是不常出现的，但又是多数人都曾有过的，在科学和文艺的创作中，很容易被激发出来。高峰体验的一个方面是人完全没有畏惧、焦虑、压抑、防御，抛弃了克制、阻止和管束。当然，这种体验是有限的，不会是很长时间的。但这时，只要充分利用它，就会有创作和新发现。大画家凡高就是在这种体验中，画出了好的作品。他把生命的最后几年完全奉献给了艺术，他就像被某种东西支配着，牺牲了一切，包括自己的健康乃至生命。这其中的"某种东西"就是人的高峰体验。高峰体验时，人一般都觉得他处在自己能力的顶峰，觉得能最好地和最完善地运用自己的全部潜能。联系人际获得感的内涵，当人们处于积极、正向、强烈的人际获得感之时，心理所发生的与人际相关的自我效能感，便是一种与高峰体验十分相似的情绪感受。例如，当我们正在从事一项非常成功的外交活动，或是谈判业务等人际情境，会令我们生成较为强烈的自我效能感之高峰体验。这种积极的心理体验，便会自主产生强烈的自我价值感，进而促使主体更加有信心地向人生目标奋勇前进。因此，人际获得感所产生的一种积极情绪体验，充分体现了高峰体验的内涵，为自我实现人格培养积淀了积极的情绪基础。

3. 人际获得感是自我实现需要的心理准备。马斯洛将心理健康者说成是"自我实现"的人，因为他们满足了自己的自我实现需要。他认为，这是人的最高水平的需要。所谓"自我实现"，是指最高的发展水平及我们所有都能得到运用，指我们的一切潜能都得以实现。他认为，自我实现者具有这样一些特点：良好的现实知觉；接纳自然、他人和自己；自发、坦率和真实；以自身以外的问题为中心；有独处和自立需要；功能发挥自主；愉快体验常新；有神秘或高峰的体验；有社会兴趣；人际关系深刻；有民主性格结构；有创造性；抗拒遵从。当然，在现实生活中，人们对"自我实现"的运用，已超出了它所规定的范围或意思有了明显的不同，如自我实现理想或获得事业的成功，也可以叫"自我实现"。由此可见，自我实现需要是基于一般心理需要满足的基础而产生的一种终极性高级需要。而人际获得感的满足，使人具有健康的积极心理，收获广泛的社会资源，从而为主体自我实现的需要和动力提供积极的心理资本。

因此，人际获得感作为个体的一种动机性需要、成长性需要，这与马斯洛需要层次理论中具有社会属性的高级需要特征相关联。人际获得感需要是对马斯洛需要层次理论中的成长性需要的具体化、特征化，是马斯洛高级需要理论的直接体现。人际获得感需要满足了自我的基本需要或缺失性需要之后而产生的一种对自我美好生活追求的执着信念。

（二）奥尔德弗 ERG 理论与人际获得感内在关系的理论建构

克雷顿·奥尔德弗（Clayton. Alderfer）在马斯洛提出的需要层次理论的基

础上，进行了更接近实际经验的研究，提出了一种新的人本主义需要理论。奥尔德弗认为，人们共存在 3 种核心的需要，即生存（Existence）的需要、相互关系（Relatedness）的需要和成长发展（Growth）的需要，因而这一理论被称为"ERG"理论。其中生存需要是指个体最基本的生理和安全性需要，是人们最为原始的基础性需要。相互关系需要是指个体渴望人际交往、维持关系平衡的一种社会性需要，这种关系需要集中体现个体依存关系平衡的需要，是人与人、人与社会共存发展的社会产物。成长发展需要是个体心理发展的高级精神追求，更多与马斯洛需要层次理论的自我实现需要相交集。克雷顿·奥尔德弗研究认为，这三种需要是存在于每个人的需要系统之中，且为最为核心的需要。认为这三种需要在某种程度上是独立存在的，并且在不同的环境下会表现出不同的权重。当面临自然灾害，人们对生存需要表现更为强烈；当人们处于人际交往的情景中，个体会更加表现出对相互关系的需要，希望在群体中获得关注、尊重、认可；当人们处于生活条件良好、社会环境和平发展的大环境下，个体对成长发展需要尤其关注，并在实践生活中表现为积极的行动。同时，克雷顿·奥尔德弗认为尤其在农业社会环境中，由于生产力水平低下，社会总体环境较为和平稳定，人们迫于物质和精神层面的双重压力，在心理与行为上会表现出复杂的需要结构即生存需要、相互关系需要、成长发展需要，三级需要具有同等的地位和竞争心理优势。

可见，人际获得感需要更多与奥尔德弗"ERG"理论中的"相互关系需要"内涵相交集，人际获得感作为一种社会性关系需要，与人、社会的关系互动相密切。在人与人、人与社会相处过程中，觉知自我人际获得感状况在社会关系网络中的位置与重心，对增强主体价值意识，并积极建构自我具有重要的现实意义即自我是在关系互动中被建构出来的。基于克雷顿·奥尔德弗的需要理论可知，人际获得感是相互关系需要的结果性表达，正是人们存在相互关系需要的动力，所以才会不停地进行与人交往，并产生人际获得感的体会。人际获得感的满足状态，直接会影响主体相互关系的需要以及成长发展高级需要的产生。

综合两种理论的阐述与分析，人际获得感本质上是一种社会性动机，对积极关系的建立和可持续发展具有重要的导向作用。两种理论的评述及其与人际获得感内在关系的内涵式建构，对人际获得感的概念、结构等深入研究具有理论指导意义。需要结构导向的人际获得感理论建构，主要观点表现如下：第一，人际获得感本质上是一种社会性动机，是基于人们对人际关系需要而发生的一种人际交往的心理过程。该动机对主体人际关系的建立与发展发挥着重要的导向作用，并对主体人际行为具有预测功能。第二，人际获得感不仅对个体身心健康具有重要的意义，而且对社会良性运行也同样发挥着不可或缺的作用。拥有较高的人际获得感水平，有助于个体形成高级心理需要，开发自我潜能，实现自我价值。另外，和谐的人际关系是社会良性运行的基础和条件，因此主体拥有较高的人际获得感，将会促进社会氛围积极沟通和交流，并形成良好的社会秩序治理现代化局面。

二、 社会比较导向的人际获得感理论建构

以获得感基本内涵为导向，人际获得感的形成机制不仅来源于客观存在的物质世界发展的现状，群体参照也是产生人际获得感的积极动力。本小节以社会比较理论为研究视角，积极建构社会比较导向的人际获得感理论内涵。

（一）社会比较心理机制

随着个体的不断成长和自我意识水平的不断提高，其自我评价的需要越来越强。费斯廷格（L. Festinger，1957）认为，任何一个具有自我意识的人，都需要评价自己的状态，并明确自己和周围世界的关系。个人的行为定向是建立在明确自我评价和自我与周围世界关系的评价基础上的。但在现实生活中，许多时候并不存在个人可以信任的绝对评价标准，这时人们就需要将自己与他人进行对比，才能够形成明确的自我评价。这种将自身状态与他人状态进行对比以获得明确自我评价的过程，就是社会比较（social comparison）。

社会心理学家从20世纪50年代以来对人们社会比较对象的选择进行了大量研究，结果表明，当不能确定自身状况的社会评价意义时，人们倾向于选择

与自己社会特征共同的人进行比较（L. Fesinger，1957）。正是由于此种原因同辈群体在人们特别是青少年的社会化过程中具有重要的影响。

人的自我评价多数是社会性的。在许多情况下，人们获得社会性自我评价的唯一途径就是社会比较。例如，看一部名导演的电影你在没有其他参照的情况下，即使不喜欢，也不敢贸然断言这部电影不好。只有在明确知道多数评价是批评性的，你才知道自己的感觉是对的。

总体上，人们面临的情境越缺乏客观标准，要求社会比较的倾向就越强。20世纪70年代末期高田利武（1979）通过实验发现，在缺乏客观物理标准的情境中，人进行自我判断的确信程度会下降，此时人们更倾向于要求知道别人的判断，并将自己的判断与别人的判断进行比较（参见金盛华，2005）。

大量的社会心理学研究证实了社会比较对人的深刻影响。谢立夫（M. Sherf，1935，1961）关于似动的经典研究发现，社会比较不仅有即时的行为效应，而且会导致稳定的观念改变。经过社会比较获得的规范概念会在人独处时继续发挥影响。

人进行社会比较的动机十分复杂，确切了解自己的状况仅仅是动机之一（R. M. Friend et al. 1973）。许多社会比较已经超出试图确切了解自己的范围。尽管有方便的客观评价标准，人仍会进行社会比较。一个学生考了满分，满分是客观标准说明答题没有错误，但他/她还是急切地想知道其他同学的成绩，将自己的成绩与同学的成绩比较。这种社会比较的目的，就不是了解评价的标准，而是为了了解自己在社会比较上有多大优势，从而为自己的成就感和自我肯定感寻找理由（金盛华，2005）。

有研究发现，人们的自信心状况直接决定着社会比较的性质，同时也会影响社会化后果的指向。根据自我价值定向理论，一个具有良好的自我肯定感的人，在进行社会比较的时候倾向于向上比较，即选择比自己优秀的人作为比较对象，这种积极导向的社会比较会激发人们更多的自我努力，并向积极的社会化方向发展；如果个体没有建立良好的自我肯定感，则会倾向于自我保护，此时他们会选择不如自己的人作为比较对象。这种倾向的后果，是自发的自我努力活动减少，并最终阻碍人们的进步发展。

由于社会比较对人的社会化过程有着重要影响，并且自我比较的方向直接决定着自我的发展方向，因此，引导人们，特别是儿童和青少年扩展社会比较范围、深化社会比较内容，是促进他们社会化和积极发展的重要途径。对于儿童和青少年，引导他们进行超出自身所属社会群体范围的广泛社会比较，同时促使其重视个人内在的历时性比较，会有助于个人扩展视野，形成适当的自我概念并向更高社会化目标发展。

（二）社会比较心理机制与人际获得感内涵的理论构建

社会比较理论认为个体在缺乏客观的判断依据时，个体会利用他人作为参照系对客体信息的选择、摄取、加工、判断、生成等心理认知进行自我评价。在合理或向下的参照系指标下，社会比较会提高人们的自尊和自信；相反，以不合理的方式或选择向上的客体作为参照系进行评价自我，会给个体带来负面的自我反馈，并影响个体的心理健康与自我概念。而人际获得感的心理发展过程主要取决于主体与客体相互作用、相互影响的质量与水平。

从纵向的个体成长经历来看，个体人际获得感指数与主、客体相互作用、相互影响的成长经历和自我比较有关，人际获得感相关积极事件的累积与比较对感知个体人际获得感的水平具有积极的正向作用。主体在人际交往史中经历的积极性事件越多，其心理卫生水平或人际获得感水平将会越高；相反，当主体在成长过程中经常遭受人际失败或不被看重的人际经历，将会影响主体对人性的积极看待，从而表现为对现实的人际获得感积极体会较少，消极体会增多。因此，人际交往的成长经历将会不断刺激负责人际交往领域的大脑神经。积极人际经历偏多，其人际神经递质愈加活跃、兴奋，对当下的人际交往观念、动力及其行为表现具有积极的促进作用。

从横向的社会比较视角看，个体人际获得感指数来源于在客观信息判断较为模糊背景下，个体选择他人为参照做社会比较而产生的一种自我评估的心理过程。当个体选择向下标尺做社会比较时，便产生较高的人际获得感；相反，以向上标尺为参照导向，便产生较低的人际获得感指数。因此，主体选择不同的参照群体及其性质类别，将会直接影响主体对当下的人际获得感体会。两类标准的社会比较既存在积极的一面，也存在消极的倾向。当个体与向下标尺做比较时，虽然在某种程度上将会产生积极的情绪反应，但是盲目进行向下比较或者选择的参照群体与实际不符，将会导致主体对自我人际关系现状认识不清，从而影响主体人际关系可持续发展；相反，时常采用向上标尺作为参照标准，不仅不利于人际获得感的生成，而且对主体的身心健康、自尊自信品格将会产生负面的影响。可见，选择合理的人际内容参照标准，对主体人际获得感及其人际努力方向将具有重要的导向意义。

综上，社会比较理论与人际获得感变量之间存在内在联系，个体对过去自己被重要他人看重的经历，往往与当前的事件相联系且作为参照系，衡量并评估重要他人在这件事件上对自我和对他人的社会支持态度或被重要他人看重的心理资源贡献量。人际获得感作为一种社会性关系需要，与人、社会的关系互动相密切，在人与人、人与社会相处过程中觉知自我人际获得感在社会关系网络中的位置与重心，对增强主体价值意识，并积极建构自我具有重要的现实意义。

三、 积极心理导向的人际获得感理论建构

进入 21 世纪以来，以塞利格曼（Seligman）为代表的积极心理学势头正盛，矛头直指近一个多世纪以来占主导地位的他们所认为的消极心理学模式，提出了积极心理观。他们主张心理学不应该只是局限于对人类消极品质的关注，还应该关注促进个人与社会发展，如何帮助人们走向幸福，使儿童健康成长、家庭幸福、公众称心如意。心理学理应是研究人类优点的学科，研究人类积极品质，关注人类生存与发展。这是西方心理学发展历史上第一次对其认识有了重大改变，看到了心理学另外的"积极品质"。

积极心理学经过自己的理论发展与实践检验已逐步推广为一种新的心理研究范式和社会存在的意义。积极心理学十分注重积极情绪在个体品格教育中的积极作用，对主体积极特质，尤其是优势和美德的培育具有重要的意义。社会建构论认为，自我是在关系互动中被建构出来的。人际互动的质量决定了自我

概念及其成就动机的水平。正确把握积极心理导向的人际获得感理论建构,可以从以下三个方面进行理解和诠释。

第一,从获得感信息输入结果来看,人际获得感是主体生成积极情绪体验的重要来源。积极的人际获得感有助于主体积极情绪的形成;相反,将不利于发生积极情绪的体验。单从人际获得感的输入方向考虑,人们对自我人际关系获得现状的总体评价和情感认知,便汇成一种主体的心理感受。这种心理感受可能是一种情绪情感的积极或消极的体验,抑或是一种生活满意度状况之积极与否的体验。人际获得感状况如何,直接决定了主体积极情绪体验的生成与否。充分发挥主体积极情绪的功能,不仅有利于个体身心健康,而且对品格美德的塑造具有重要的意义。心理学家总结大量研究后发现,频繁地体验到积极情绪有助于促进个体在心理健康、社会关系、工作效率、自我效能、自尊等方面的发展。因此,重视大学生人际获得感,增强大学生人际关系积极情绪的体验,有助于主体开阔视野与思维,还可以缓释消极情绪对个体思维"窄化"的影响,这一现象被称为积极情绪对消极情绪的"缓释效应"。积极情绪通过缓释作用能够消除消极情绪对个体身体和心理的束缚,使个体思维更加开放,思考更不受局限。综上,从某种意义上来说,人际获得感本质上也是一种积极情绪的体验,对帮助个体建构各类资源,让个体获得蓬勃发展的人生具有重要的意义。

第二,从获得感信息输出结果来看,人际获得感是主体建构积极关系良性运行的重要机制。积极关系的建立是积极心理学研究领域的重点内容,研究发现,良好的社会支持对主体的身心发展至关重要,他们会在社会支持的环境中发展出良好的心理适应性、社会学习能力与平衡健全的身体状态。支持性师生关系、同伴关系有助于提升个体的主观幸福感、韧性、人生意义感。可见,良好的人际关系是积极关系可持续建立、发展并良性运行的重要发生机制,而人际获得感积极与否对积极关系能否可持续建立与发展具有重要的心理意义。积极关系的重要理论之一是主动建设性的回应方式,即当对方分享好事的时候,个体语言、肌体和行为的反馈可以让对方感受到被理解与被支持。研究证明,主动建设性回应能够使个体产生积极情绪,强化人际联结,并且将积极体验资本化。这一观点,恰好说明了人际获得感信息接收之后,个体在思想观点和行为方式上的生成性反应模式。当主体意识并体会到较强的人际获得感水平,便意味着主体将会做出主动建设性回应方式。这一积极反应模式将进一步加强个体对积极关系的社会联结,并推进积极关系朝可持续发展方向良性运行。

第三,从获得感信息通达目标来看,人际获得感是主体获得品格优势与美德建构的重要桥梁。积极心理学研究认为每个人都有与生俱来追求自我完美的潜能,这种潜能开发旨在致力于达到品格优势的挖掘与美德的完善。在六大美德24项品格优势中,积极心理学认为人道是一种对他人友善和帮助他人的人际品格优势,强调善良、社会智能和爱在人际关系中的积极作用。人际获得感是基于人际互动而产生的一种对人际交往满意度的情绪情感体会,人际关系中融入的善良、爱等积极成分越多,其主体在人际交往过程中所获得的感受内容将会愈加积极健康。积极的人际获得感在获得人际正面情绪过程中发挥着重要的作用,通过增加人际获得感,生成积极情绪,拓展其认知与行为范畴的功能,并积极建构社会资源,从而达到一种主体品格优势与美德塑造的臻美状态。

第三章

人际获得感的研究现状与发展趋势

　　综观国内外对人际获得感的研究，国外研究已取得了一定的成效，而国内研究还处于起步阶段。总体上看，其突出特点表现在三个方面：其一，研究领域广。目前国内外对人际获得感的相关研究主要表现在被看重感心理机制的探讨，以及自尊、社会支持系统等社会变量与人际获得感内在本质的研究。其二，研究方法各异。在研究起步阶段，方法论方面主要以理论研究为主，但基本理论框架建成之后，研究方法开始走向多元化，出现了以实证研究为特征的方法论。其三，尚未形成一个较为公允的理论体系。由于人际获得感本身的复杂性，使得任何有关获得感概念的界定都可能充满争议，并由此延伸到理论建构之争、研究方法之争、研究结论之争。我国对人际获得感的研究近年来也有了一定的进展，正在经历一个由引进、消化、吸收到深化、发展的历程。本章将对近年来国内外有关人际获得感的研究进行系统的梳理和分析，并为后续研究提供文献启示与价值导向。

第一节　人际获得感的心理结构

　　国外在人际获得感的结构与测量研究方面已取得了一定的成效，而国内却正处于对人际获得感研究的探索阶段。深入梳理人际获得感的结构文献分析研究，对在中国文化背景下开展人际获得感的本土化研究具有重要的理论意义与应用价值。

一、 西方关于人际获得感的研究

综合国外研究可知，在人际获得感结构划分上没有统一定论，根据不同的划分原则呈现出多类别划分标准，具体表现如下：

从人际获得感宏观层面划分来看，以人际获得感指数获得信息资源的优势为导向，可以将人际获得感划分为：人际间人际获得感和社会性人际获得感。其中，人际间人际获得感是指重要他人对个体产生的一种被重视的程度，主要表现为家庭父母、闺蜜等重要亲密关系的满意度。这一亲密关系互动型沟通、理解的质量和水平是个体生成人际获得感心理机制的重要情感来源；社会性人际获得感是相对于非亲密关系型、人际距离较远的他人对个体人际获得感指数的影响，主要表现在同学、校友、同事、领导以及其他社会群体对本群体的看法与态度。两者之间具有内在的关联性，人际间的人际获得感水平或质量直接影响到个体对社会性人际获得感积极信息的摄取与选择，人际间的人际获得感成长经历对社会性人际获得感的自我判断具有重要的过滤与导向功能。

从人际获得感微观层面划分来看，以心理元素为导向，主要存在三种观点：三因素模型、四因素模型和五因素模型，而后两种模型或观点是在三因素模型基础上延伸而来。后两种因素结构观点是在 Rosenberg 和 McCullough（1981）最初提出的人际获得感三因素结构理论背景下逐步发展而来的。

Rosenberg 和 McCullough（1981）研究认为人际获得感划分为注意（attention）、重要（importance）和依靠（dependence）三个维度，其中重要又包含自我延伸（ego-extension）。注意是人际获得感中最重要的成分，指的是个体需要别人的关注。重要表达了个体需要被他人关心，需要别人关心自己的所想所为，关心自己的命运；自我延伸表示有人将自己看作他的一部分，会把我们的事情当作他们自己的事情来对待，是重要的直接体现。依靠是指个体的行为会在多大程度上影响他人的行为。这种结构得到大多数学者的认同。Elliott（2004）在此基础上编制的《人际获得感指数》（*Mattering Index*）首次通过实证的方法验证了该结构的合理性。Elliott 还认为，人际获得感的三个部分又构成了两个层面，第一个层面由觉察构成，第二个层面由重要和依赖构成。在第一个层面上，觉察形成了一种主观意识，即我们是他人关注的焦点，我们能够在嘈杂的人群中被认出来。如果个体不能形成这种意识，那么个体可能会认为自己是一个无关紧要的人（non‐person），这将成为一个不被看重的信号。人际获得感的第二个层面构筑了个体和重要他人之间的关系纽带，这种关系有两种形式，第一种是由重要代表的关系流入型，第二种是由依赖代表的关系流出型。在第一种形式中，重要表现为他人关心个体、帮助个体、为个体排忧解难等，此时人际关系由他人指向个体，他人为了个体更好地生活而奉献自己的资源；而在第二种形式中，依赖表现为他人为了满足自己的需要而寻求个体的帮助，此时人际关系从个体指向他人，个体为了满足他人的需要而付出努力，例如因为意识到子女需要自己，父母会产生人际获得感。

人际获得感四因素结构观点是在基本认同三因素结构的观点之上，对自我延伸因素作为重要维度的子集并不认可。相反，Rosenberg 等（1985）研究认为自我延伸可能与重要并无类属关系，而是独立于重要维度。这种观点得到France 和 Finney（2009）的证实，他们在四因素结构假设的基础上编制了《大学生人际获得感量表》（University Mattering Scale，UMS），结果发现，相较于三因素结构，四因素结构的模型拟合更好，自我延伸确实是独立的。自我延伸是自我存在和自我价值的一部分，自我延伸得到了肯定和维护，自我的获得感、满意度及其幸福感便由心而生。

Scholossberg（1989）在 Rosenberg 的人际获得感四因素结构假设基础上，认为人际获得感应该还有第五个成分（因素）——"欣赏"（appreciation），即个体需要感受到他们付出的努力被珍视。作为心理咨询方面的专家，Scholossberg 在访谈的过程中发现许多来访者都传达了一种希望他人珍惜他们的努力的愿望。例如，有人抱怨，他的老板只注意他的错误，却从来都不关心他做过的积极的贡献。

二、 我国关于人际获得感的研究

综合我国人际获得感研究，其研究领域较少。国内学者主要以量化或问卷编制为研究方法，开展了对人际获得感心理结构的研究，其观点不一，存在较大的分歧。例如，我国台湾学者汪敏慧（2007）编制了《青少年被看重知觉量表》，发现在台湾高中生中，人际获得知觉包含重视、忽略、珍惜和人际交流四个成分。在汪敏慧的研究中，重视类似于 Rosenberg 提出的重要，指的是个体是他人关心的对象，相信他人对自己的需要、想法、命运都会关心。重视同时包含了自我延伸的意思，相信他人会对自己的成功感到骄傲，对自己的失败表示同情。忽略即个体被人忽视的程度，之所以命名为忽略，是因为反映该成分的所有项目都是反向题，因此，忽略事实上是觉察的反面。珍惜与 Scholoss-berg 提出的欣赏相应，也表达了个体渴望被他人欣赏的意味。人际交流是汪敏慧的研究中新加入的成分，指的是人际互动中彼此情感和想法的分享与交流。虽然 Rosenberg 认为人际获得感既有人际间的（interpersonal）也有社会的（social），但是在研究过程中，学者们关注的都是人际间的人际获得感，并没有将人际交流作为研究对象，汪敏慧则加入了这一新的成分。在此基础上，袁颖（2014）以大学生样本为例，以 Rosenberg 和 McCullough（1981）概念结构思想为导向，探索并验证了与人际获得感概念相似度很高的大学生被看重感心理结构的研究，结果表明大学生被看重的心理结构包括了四个维度即关注、重要、依赖、自我延伸四个部分。另外，我国学者韦耀阳、王艳（2020）也同样以大学生为研究样本，基于获得感起源视角对人际交往方面的内在结构进行了深刻的研究与探讨。结果表明：大学生人际交往获得感的量表具体可分为自我获得和外界获得两个方面，其中自我获得又包含社交知识获得和社交能力获得两个因子；而外界获得包含同学关系获得感、师生关系获得感、社会关系获得感、亲密关系获得感四个因子。

综上所述，我国学者对人际获得感心理结构的分析既有继承与发展西方对人际获得感心理结构的分类标准，也有基于我国国情而提出的有别于西方划分标准的本土化特征。从获得感产生的环境起源来看，具体结构可表现在以下两个方面：一方面，人际获得感强弱和主体的心理环境具有密切的关系。人际获得感能力越强，其获得的积极感受将会越多。因此，人际获得感产生的心理内在因素主要集中于个体的获得能力以及在不同心理摄取变量上的主观性认知差异。另一方面，人际获得感形成的心理机制还包括了主客观关系的互动和影响。主要集中体现在主体在人际获得情境下对人际获得感心理维度的相互作用和相互影响，主要包括了由西方演绎而来的关注、重要、依赖、自我延伸、欣赏等子维度在不同人际情境下的心理综合反应。

第二节　人际获得感的心理测评

根据文献分析，目前对人际获得感研究主要以量化为主，国内外对人际获得感测量工具的研发颇为丰富，使用较为广泛的测量工具有以下三种：总体人际获得感量表（General Mattering Scale，GMS）；人际获得感问卷（Mattering to Other Questionnaires，WTOQ）；人际获得感指数（Mattering Index，MI）。

一、 总体人际获得感量表 （General Mattering Scale，GMS）

《总体人际获得感量表》是目前使用最为广泛的测量人际获得感的工具。该量表由 Marcus 编制，共 5 个项目，Likert 4 点计分，用以评价被试整体的人际获得感。Deforge（1997）对 199 名流浪汉使用了该量表，结果发现该量表的内部一致性达到 0.85。该量表在其他的研究中也都表现出良好的内部一致性（Dixon et al.，2008；Rayle et al.，2004；Schieman et al.，2001；Taylor et al.，2001）。

二、 人际获得感问卷 （Mattering to Other Questionnaires， WTOQ）

《人际获得感问卷》由 Marshall（2001）编制。鉴于人际获得感是与特定他人相关的，那么如果对象不同，个体就有可能产生不同的人际获得感。《人际获得感问卷》就是在这样的考虑下编制的。该问卷包含 11 个项目，Likert 5 点计分，有母亲、父亲和朋友三个版本。该问卷在大学生和高中生两个样本中施测，结果显示，在大学生样本中，三个版本的量表 Cronbach's α 系数分别达到了 0.89、0.95、0.93；而在高中生样本中，三个版本的量表 Cronbach's α 系数分别为 0.93、0.95、0.93。

三、 人际获得感指数 （Mattering Index， MI）

Elliott 等（2004）在 Rosenberg 关于人际获得感结构的理论指导下编制而成《人际获得感指数》，该量表包含 24 个项目，采用 Likert 5 点计分，分为觉察（awareness）、重要（importance）和依赖（reliance）三个维度。觉察完全是一个知觉的成分，人际获得感最起码表现在别人知道我们的存在，别人能够从人群中认出我们。重要指的是，如果我们是他人关注或关心的对象，那么我们会觉得自己被看重，这是一种从他人指向自己的关系，因为他人会为了我们的幸福而付出努力。Elliott 也赞成将自我延伸作为重要的一个指标。依赖是指如果有人为了满足自己的需要来寻求我们的帮助，我们会感到被看重。

Elliott 严格遵循三因素结构编制了该量表。编制过程中，Elliott 重点考察了量表的建构效度，在网络间效度验证中，从实证的角度将人际获得感与可能相关的其他概念如自尊、自我意识、自我掌控等进行了区分，明确了人际获得感确实是与这些概念不同的。该量表内部一致性良好，三个分量表的 Cronbach's α 系数分别为 0.87、0.86、0.87。虽然该量表不针对特定他人，但是也很容易被修订以适应不同重要他人的研究。在一项青少年轻生意向的研究中，Elliott

等（2005）采用该量表的修订版，让被试分别针对家人和朋友作答，再将两部分合并为一个 30 题的问卷（15 题回答家人，15 题回答朋友），量表总体的 Cronbach's α 系数为 0.845。

以上三个测量工具都不是专门为了测量大学生的人际获得感而开发的，但是在大学生群体中均表现出了良好的适应性。还有一些测量工具是专门针对大学生开发的，例如《大学生人际获得感调查》（College Student Mattering Inventory，CSMI）和《大学生人际获得感量表》（University Mattering Scale，UMS），这些测量工具更具有针对性，项目的编写也更切合大学的校园环境。

四、 中国大学生人际交往获得感量表

在我国学术界中，部分学者基于国情也开发了一些有关人际获得感的量表编制，例如：韦耀阳、王艳（2020）以大学生为研究样本，对人际交往方面的内在结构进行了深刻的研究与探讨。结果表明：大学生人际交往获得感的量表具体可分为自我获得和外界获得两个方面，其中自我获得又具有社交知识获得和社交能力获得两个因子；而外界获得包含同学关系获得感、师生关系获得感、社会关系获得感、亲密关系获得感四个因子。该量表共 36 个项目、6 个维度，各因素的 Cronbach's α 系数在 0.677 ~ 0.878。

整个问卷的 Cronbach's α 系数是 0.854，表明该问卷具有很高的同质性信度，其累计方差贡献率可达 67.65%。因此，整个问卷信效度较高，各分量表与总量表的相关系数均达到了统计学意义。

第三节 人际获得感的影响因素

综合国内外人际获得感影响因素研究，主要表现在两个方面：人际获得感的前因变量和人际获得感的结果变量。

一、 人际获得感的前因变量

关于人际获得感的前因变量的研究，主要集中在人际获得感在人口学变量上的差异，尤其是研究者对性别、经济条件、社会地位等变量做出积极关注。国内外研究者以亲密关系、青少年为研究视角考察了人际获得感与性别之间的内在关联。Marshall（2002）在研究中发现，无论来自母亲、父亲，还是朋友，女性的主观人际获得感都高于男性。Taylor 等人（2001）以一个社区 1300 名居民为样本考察了女性的人际获得感显著高于男性。Rayle（2005）对 2311 名青少年被试研究发现在人际获得感上存在性别差异，女孩的人际获得感高于男孩。Marshall（2010）又再次对大学生人际获得感进行了性别的差异检验，结果仍然显示，女生的人际获得感高于男生。由此可以看出，人际获得感存在显著的性别差异，女性的人际获得感要高于男性。这可能与女性拥有更多的社会支持（Taylor et al.，2001）和更丰富的社交技巧有关（Marshall，2001）。

研究进一步表明，人际获得感不仅仅与性别相关，还与个体的社会经济地位存在关联。Rosenberg 和 McCullough（1981）研究认为家庭社会经济地位较高的孩子所感受到的来自父母的人际获得感要明显高于那些家庭社会经济地位一般或较差的孩子。Rosenberg 和 McCullough 认为，社会经济地位较高的父母可能会更关注孩子的心理和情感，他们首先考虑的是孩子是否开心，是否有好奇心，是否能够自我控制；而工薪阶层的父母往往关注的是子女外在的行为和表现，例如衣着是否整洁、行为是否顺从、是否诚实。类似的结论在女性群体中也得到验证。Schieman（2001）认为同样是女性，受过更高教育的、有工作的女性比家庭妇女有更高的人际获得感，这可能是因为工作为她们带来了更多的自主性、多样性和管理责任。

由此可见，关于人际获得感的前因变量研究，不管是人口学变量还是社会学变量，其研究的领域较少，在后续研究中应有待于加强对人际获得感社会学变量的深入探讨。对人际获得感社会学变量的研究，有助于更深层次地把握人际获得感产生的心理机制及其行为预测表现。

二、 人际获得感的结果变量

相对于人际获得感前因变量的研究，人际获得感结果变量的研究较为丰富。前因变量主要是探讨了人际获得感的心理作用机制，而结果变量则侧重于对人际获得感的作用、意义等做出研讨，其主要表现为人际获得感在自尊、抑郁、焦虑、归属感、自我效能感、复原力、幸福感、生活满意度等情绪与动机变量上的关系研究。

研究认为，人际获得感与心理健康的诸多指标存在较高关联。首先是自尊（self – esteem）。自尊是个体对自己整体状况的满意水平，对身心健康具有决定性的作用（金盛华，2005）。Myers（2003）研究发现，无论孩子认为父母对自己所持的态度是积极的还是消极的，来自父母的人际获得感都与孩子的自尊水平相关（$p < 0.001$）。Elliott 等人（2004）的研究发现人际获得感的三个成分均与自尊正相关，相关系数分别是 0.69、0.80 和 0.53。Dixon 等人（2008）的研究也显示人际获得感与自尊正相关，相关系数为 0.35（$p < 0.001$）。

其次，人际获得感与个体的抑郁、焦虑等负面情绪有显著关联。Myers（2007）研究发现，认为父母不重视自己的孩子更易发生抑郁、焦虑或其他形式的心理失常。Taylor 等人（2001）的研究报告显示人际获得感与抑郁呈负相关，总体相关系数是 – 0.23，在女性和男性中分别是 – 0.24、– 0.28。人际获得感的三个成分与社交焦虑负相关，相关系数分别是 – 0.32、– 0.27 和 – 0.10。因此，可以认为人际获得感对抑郁和焦虑有显著的预测作用。值得注意的是，由于女性的人际获得感高于男性，当女性的人际获得感水平与男性相同时，女性的抑郁情绪可能会更高（Dixon et al. , 2008）。

再次，人际获得感与其他各种心理变量也有显著的关联。人际获得感与归属感（France & Finney, 2009）、复原力（汪敏慧, 2007）、自我效能感（France & Finney, 2010）均呈显著的正相关。台湾林仪伶（2007）研究发现，中学生人际获得感与身心健康、幸福感均呈显著的正相关。

最后，人际获得感对总体的健康有显著的预测作用。Rayle 等人（2004）

的研究发现，人际获得感对健康的六个方面（精神性、自我定向、作业、闲适、爱、友谊）均有显著的预测作用，其中对自我定向和友谊的预测作用最强，R2（预测力）分别为 0.85 和 0.84。Myers 等人（2004）的研究也得到了类似结论，他发现人际获得感与健康的 18 个分项中的 16 项呈正相关，其中与自我定向的相关最高，相关系数为 0.52。Elliott 等（2005）在对青少年轻生意向的研究中认为，人际获得感较低的青少年自尊水平降低，抑郁情绪明显增加，并最终产生轻生的念头。

第四节　人际获得感的研究趋势

综合对国内外有关人际获得感的文献研究，在前人研究的基础上，进一步展望人际获得感的研究趋势，致力于未来研究中发现研究领域的价值和本土化研究的启示。

一、 概念结构的区分化

在未来研究中应进一步加强深化与理解有关人际获得感及其相关概念的辨析，例如罗森博格和麦卡洛（Rosenberg & McCullough，1981）研究认为人际获得感是自我概念系统中一个重要的动力因素，并与自我概念、自尊、自我意识、自我掌控、社会支持感等因子相关联。在后续研究中有必要对人际获得感、自尊感、自我意识等相关结构做比较、相区别，对深入研究人际获得感因素具有重要的理论意义。在人际获得感结构上，国外学者一直对自我延伸这一维度是否隶属重要的结构存在争议，从情绪情感同一属性来看，重要与自我延伸两个维度都属于情绪情感机制，但是从情绪情感性质来看，既有高低形式之分，又有性质异同之别。因此，在加强本土化研究过程中有必要比较区分两种维度的同一性问题。也就是说，在重要与自我延伸两个维度，是不是有第三个变量或者情景影响了两种结构的统一和分离？需要在后续理论研究中进一步探讨和验证的是，是不是在亲密关系范畴里，重要和自我延伸两个变量涉及血缘关系、友谊等变量，而对这两种维度的融合具有重要的中介或调节效应？在非亲密关系范畴里，是否因人际情感的疏离而对这两种维度产生分离效应？

二、 研究方法的多元化

结合国内外人际获得感的研究方法，大部分的学者以量化为主，缺少对人际获得感的质性研究。质性研究是一种研究取向，是研究者试图从参与者的视角，在研究对象的自然情境中，以归纳的方式搜索和分析资料，而达到对心理现象及意义理解的过程。人际获得感本质上是一种社会关系的动机因素，不同的群体在所处的亚文化环境中对自己被他人看重程度的心理经验或影响机制存在差异。采用质化研究方法，能更全面地理解、把握人际获得感的心理机制及其现象意义。

三、 测量工具的本土化

从人际获得感测量工具现有成果来看，其构想理念及其人际获得感量表基本上都是以国外的研究为对象研发编制的，忽视了样本文化的普及性，对应用于其他文化背景下测量人际获得感的现状及其内在影响机制具有限制性功能。而国内对人际获得感研究尚处于起步阶段，基本上也是对国外的人际获得感理论进行直接的应用，缺少人际获得感理论在中国文化背景下的特色与对其的思考。虽然赵必华、袁颖（2016）以中国大学生作为研究的被试，考察了中国本土文化背景下对人际获得感结构及其测量指数的应用和思考，但是研究仅处于探索阶段，在后续研究中应积极研发符合中国文化背景的人际获得感本土化测量工具，作为在中国文化背景下测量人际获得感现状的科学依据。

四、 研究对象的多样化

赵必华、袁颖（2016）以中国大学生作为研究的被试，考察了中国本土文化背景下对人际获得感结构及其测量方法的应用和思考，但是研究仅处于探索或启动阶段，在今后的研究中应加强国内关于人际获得感在不同群体下的实证或质化研究。例如，除了考察大学生人际获得感结构、测量指数及特征研究，应着重思考在我国城镇发展一体化、务工人员市民化的社会背景下新生代农民工人际获得感的结构、特征及影响因素研究，进一步拓展幼儿、儿童、青少年、留守儿童或流动儿童、大学生村官、高校辅导员以及其他社会弱势群体等中国文化背景下的不同群体在人际获得感研究方面的特色和差异。

五、 心理机制的丰富化

关于人际获得感的前因变量的研究，主要集中在人际获得感在人口学变量上的差异。相对于人际获得感前因变量的研究，人际获得感结果变量的研究较为丰富，但是我国关于人际获得感心理机制的研究仍然有限。根据对人际获得感研究的文献分析，本土化影响因素或者前因后果变量以及与其他变量关系的研究有待加强与丰富。在后续研究中可以着重丰富社会学变量对人际获得感的心理作用机制，深入探讨人格因素（大五人格）、动机因素、人际关系、社会支持以及其他高级情感特质变量与人际获得感、心理健康之间的关系研究，积极拓展对人际获得感的中介或调节变量的其他研究。另外，考虑中西文化存在差异，中国的社会单元是家庭，而西方则是个人。在中国的社会关系中，个体会根据关系、血缘的亲疏、远近对人进行差序对待，而西方则对陌生人保持一定的信任，倾向于普遍对待。正因为中西方在人际关系互动和交往中存在文化背景的影响，在后续研究中，可以进一步探索人际获得感心理机制特点的中西方文化比较研究。例如：中西方文化在人际关系亲疏远近结构中所表现出来的交往特点，不同关系模式嵌入不同文化背景中在个体人际获得感指数上是否存在差异？或者存在什么样的特点？在同一性质的社会组织单位（比如家庭）中，影响中西文化背景下的家庭儿童人际获得感指数特征的文化因素比较研究。

第四章

积极教育视域下大学生人际获得感的理论构想

理论模型构想是由问题空间初始状态通向问题解决目标的探索过程和理论桥梁。本章立足于积极教育视角，基于大学生人际获得感的心理结构、影响因素及其运行机制，对大学生人际获得感模型进行了深入研究。

第一节　大学生人际获得情境

人际获得感并不是抽象的存在。无论将其看作一般性的意识状态，还是将其看作对于特定人际交往过程中的人对与自我关系的一种认知、体验或动机过程，人际获得感都不是一种孤立存在的心理现象，它总是存在于社会关系建立、互动和发展之中，并在人际交往情境中得以充分体现。因此，研究大学生人际获得感离不开对大学生人际获得情境的讨论，界定大学生人际获得情境是探究大学生人际获得感心理结构的基础和前提。

一、大学生人际获得情境的内涵

不同学者对于人际获得情境的认识不尽相同，有人强调人际获得感心理存在于特定的现实时空条件，与社会生产力发展水平密不可分；有人强调人际获得感仅仅与特定的微观人际环境因素相关联；也有人认为人际获得感是一种主观现象，与个体的心境状态有关。可见，人际获得情境的内涵具有多元化、层次性等特点，指的是大学生在人际交往的过程中产生人际获得感、满意感、幸福感的情景条件或环境场域。也就是说，大学生获得人际满意度和主观幸福感的情境条件不仅涉及特定的积极关系之中观环境，而且与个体所处的积极心境之微观环境和社会公正之宏观环境等场域密不可分。

二、 大学生人际获得情境的特征

概括而言，大学生人际获得情境通常可理解为在特定的时空条件之下，与主体涉及人际心理与行为事件相关联，该过程基于社会互动中的积极因素（主体特征—微观环境、积极关系—中观环境、社会公正—宏观环境），进而促使主体所觉察、评估并产生了某些与人际相关的积极认知、正面情感和可持续发展的行为反应。

（一）宏观层面：社会公正

从人与社会关系的视角来看，人处于一个多层次的社会环境之中，并深受多层环境的影响。社会环境是否公正、清明对主体的心理活动与行为反应会产生重要的意义。社会公正环境不仅表现在物质形态上的平衡发展，而且还体现在人文公正层面上。其中，物质形态上所表现出来的社会公正感主要体现在基于生产力水平高、经济结构发展平衡导向的物质条件下，不断满足人民日益增长的美好生活需要。基于此，人们逐渐塑造具有社会主义核心价值观信念的公民精神。在这样的全民人文素质陶冶环境中，每位个体都将会成为一个公正和谐、诚信友善的人；人文层面之社会公正精神集中体现在社会或网络媒体对社会公正现象的处理、传播和建构上。如果社会公正制度完善，社会公正环境清朗，新媒体时常传播和弘扬社会公正榜样，以不断强化公民社会公正信念，必将对主体社会公正观的培育具有重要的意义；相反，将不利于主体社会公正信念的建立，进而影响公民人际获得感的形成。因此，从宏观层面来看，大学生获得感信息输入情境主要是对社会公正环境的感受和判断，其体验不仅是来自教育公正环境所带来的认知模式，而且对社区、社会等外部公正环境的摄取感知也同样发挥作用。

（二）中观层面：积极关系

从主体存在的交往场域来看，大学生人际获得情境主要体现在主体与交往对象的直接接触情景中。根据大学生人际交往的对象类别，可以包括三个方面的交往情境：家庭关系、亲友关系、社会关系。首先，家庭关系主要是指主体在夫妻、子女、兄妹、长辈等关系中的亲密程度。也就是说，如果个体与父母、配偶等家庭关系特征表现为安全、信任、放松、开放等积极状态，那么个体在这种家庭关系环境中成长起来的个性、价值观将会更加积极、乐观。同时，基于积极的家庭关系，其人际获得感将会增强。相反，个体便觉得自我在家庭关系变量上的人际获得感较弱。其次，亲友关系是指主体与交往对象的身份层次具有同等性，主要表现为亲戚、朋友、同学、同事等具有平行特征的朋辈关系。某种类型关系的建立与发展所建构起来的人际环境是否积极健康，对关系中的主体人际获得感的形成具有重要的导向作用。最后，社会关系也是增强大学生人际获得感的外部情境，主要是指促使个体产生人际获得感涉及本人同家庭和友情之外的组织、群体或个人构成的沟通或互动，集中表现在管理部门、邻里单位、师生关系、领导与下属关系等类别。如果管理或邻里单位表现为友好关系，抑或师生、领导与下属等上下级关系表现为互尊互爱、信任开放、和谐共处等积极环境，那么将对主体人际获得感的产生发挥正向作用。相反，则引起主体人际获得感弱化，产生情绪压抑、自尊受损、自卑敏感、行为退缩等心理与行为现象。综上所述，人际获得感与主体交往对象的互动和沟通密切相关。

（三）微观层面：主体特征（优势品格与美德）

从大学生人际获得感的心理环境来看，主体特征是产生人际获得感的物质载体。同一人际情境，因主体心理特征的异同，对自我人际获得感的程度也会表现出显著性差异，其心理环境主要表现在人口学和社会学两大变量特征上。人口学因素主要包括个体的性别、学生干部类型、社会角色、文化程度、家庭类型及其经济水平等变量，其因素对主体人际获得感的形成赋予了差异性特征。然而，心理环境中的社会学因素主要包括个体的人格与心境，其中人格因素对主体人际获得感的发生具有重要的心理意义。心理学研究表明，大五人格、优势品格与美德在个体人际关系建立与发展上存在显著性差异特征。因此，大五人格中的外倾性、开放性、神经质性、责任心、宜人性五大因素，抑或基于积极心理导向的优势品格与美德对个体人际获得感具有预测效应。另外，我们知道主体人际获得感具有主观性，可能与实际情况不符。可见，主体心境的积极与否，也同样会影响主体对人际互动信息的摄取和判断。当个体情绪乐观、心境积极，必将对人际互动信息做出积极的摄取和推断，进而促进主体人际获得感的产生；相反，则主体可能会基于人际互动信息的追忆，做出消极的筛选和判断，从而影响对事物本身客观的认识。综上，人格和心境两大因素对主体人际获得感的形成具有一定的激发和促进作用。

三、 大学生人际获得情境的构成模式

综上分析可见，大学生人际获得情境是基于特定人际时空的条件，促使主体获得一种人际价值成长的背景性因素。大学生人际获得情境是由宏观层面的社会公正环境、中观层面的积极关系氛围、微观层面的主体优势特质等三个方面构成的。大学生人际获得情境各构成要件及其影响目标之间的结构关系如图 4-1 所示。

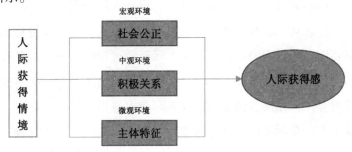

图 4-1　人际获得情境的构成模式

第二节　大学生人际获得感的心理结构

综合国内外有关人际获得感的历史文献研究，大学生人际获得感主要以心理学要素为基本单位，勾勒出大学生人际获得感心理结构模型。研究认为尽管人际获得感在性质、内容、表现方式、时间特性等方面都可能存在差异，但其内在的基本构成要件及其互动方式具有某些共同特征。研究假设大学生人际获得感的心理结构主要包括三个方面：人际获得意识、人际获得能力、人际获得行为；一个完整的人际获得感心理和行为活动过程是这三个要素相互影响、相互制约、共同作用的结果。

一、　人际获得意识

人际获得意识的内涵指标主要集中体现在主体对客体基于人际交往过程中所获得的积极情绪或正能量的认知。了解人际获得意识的内涵及其要素，对正确把握人际获得意识心理结构模型具有重要的理论意义。

（一）人际获得意识的内涵与要素

人际获得意识是指个体与他人进行交往相处时，在认知层面上所产生的一种情感收获、内心满足等正面状态的感知意识。人际获得意识是对主、客体信息互动的价值性认知，强调个体对交往对象的主观性。人际获得意识的强弱与个体内心需要满足的程度密切相关。在人际互动过程中，交往对象在认知上愈加契合个体的价值观，并能够充分满足个体的情绪情感需要，必将进一步增强主体人际获得意识；相反，将减弱主体人际获得意识。根据国外对人际获得感的研究，认为人际获得意识主要包括关注、重要、依赖、自我延伸、欣赏等积极成分。然而，这五种积极成分在本质上充分体现了人际获得意识的内涵，共同构成了主体人际获得意识的维度。

关注　关注是主体产生人际获得意识最基本的信息渠道。从人与人交往而言，关注彼此信息的沟通是促进双方互动可持续发展的重要保障。若交往对象忽视主体的信息摄入，主体便将产生一种忽略感；相反，则有助于彼此进一步加强沟通和联系。关注从某种程度上来说，既包含非言语行为上的关注也包含言语行为上的关注。其中，非言语沟通模式上的关注亦可称为身体语言的关注，主要集中体现在眼神以及身体运动上。眼神的专注程度，以及社交距离的远近，在某种程度上都反映了交往对象对主体的认同或看重心理；言语行为上的关注，主要是反映了交往对象是否能识别主体的关键性信息或者标志性符号。例如，交往对象能否在某种场合准确识别你的基本信息，包括能叫出你的名字，觉察你的存在，熟悉你的个性，等等。可见，关注是促进人们进行深入交往的起点，也是产生交往心理的基石。交往对象（客体）对主体关注的程度对人们产生人际获得意识具有重要的心理意义。

重要　重要是指交往对象对主体产生的积极影响。它充分表达了个体需要被他人关心，需要别人关心自己的所想所为，关心自己的命运。重点强调了交往对象即他人对自我的尊重、关心、关爱等友善程度的认知，该维度在某种程度上来说，是主体产生积极情绪体验的重要来源，也是主体在获得外界积极能量的同时，做出友善他人外化于行的重要动力。主体在认知上愈加感受到在他人心目中的重要地位，愈能促进主体人际获得意识的唤醒；相反，将会产生消极的情绪体验，不利于生成主体人际获得意识。重要维度主要集中体现在以下几个方面：在认知层面上，交往对象体现了以人为本的交往理念，认为他人能够尊重于我，认为主体是需要关心关爱的对象，包括他人对我的人格重视、生涯发展等方面的积极认知层面。在情感层面上，认为自己在遭受逆境和痛苦时，他人是友善的。交往对象能够积极关注于我，会给我安慰，且对主体此时此刻的认知和情绪情感心理产生同理心。在行动上，他人会基于善良之心对主体做出言语、行为等层面的关爱和助人行动，在受助行动之中让主体真实地感受到一种被他人重视之感。

依赖　依赖在某种程度上是主体对交往对象（客体）的积极影响，集中体现为主体在客体群体中的价值和作用，对交往对象的存在和发展具有重要的积极意义。例如，当他人处于困境时，能够及时地想起自己在情绪调节和问题解决中的担当和作用，并认为自己是一个有价值、有影响的人。如果个体感知在他人心目中没有生存价值和发展意义，那么个体便觉得他人对自我的依赖感弱，将会形成低自尊和人际获得意识弱化的问题；相反，将会形成增强个体的自信心、自尊心、自我成就感等人际获得感较强的正面认知和积极情绪体验。重要和依赖这两个维度在积极信息摄取上具有双向性，重点强调的是客体对主体的心理贡献量，而依赖表达的却是主体对客体的心理贡献量。

自我延伸　自我延伸表示将自己看作是他人的一部分，会把我们的事情当作他们自己的事情来对待，是重要的直接体现。自我延伸是对重要维度和依赖维度的拓展，该维度将与自我密切相关的人或事视为个体人际获得知觉的重要来源。如果将重要、依赖两个维度看作自我范畴的核心，那么自我延伸就是自我范畴的外延。这种自我延伸不仅包含了有关附属于我的具体内容，也包括了与我相关的抽象性表达。"自我延伸"强调了自我的一部分已成为他人生活或者生命当中的重要组成部分，主体的喜怒哀乐与交往客体的情绪情感密切相连。例如，别人会因我的成功而感到快乐、满意和自豪。这就是一种他人对自我延伸的认可和体会。

欣赏　欣赏是交往对象（客体）对主体人格特质的积极关注和赞赏。学者在研究欣赏与自我延伸两个维度上存在独立与交集观点之争，为了检验该观点的事实性，我们也将欣赏这一维度观点纳入人际获得感考察之中。也就是说，本研究假设大学生人际获得意识还包括了欣赏这一子结构。从人际交往经验来看，他人欣赏个体的品质、能力等优势基因是主体产生人际获得意识的重要源泉。客体对主体积极特质的关注程度或者赏识程度，在某种程度上是建立并能可持续发展人际关系的重要动力。主体愈加被他人欣赏或赏识，愈能增强主体人际获得感认知和情感体验；相反，则不利于人际交往的建立和深度发展。

（二）人际获得意识的心理结构模型

综上对人际获得意识心理构成要素的解析，我们研究假设关注、重要、依赖、自我延伸、欣赏五个维度共同构成了大学生人际关系获得意识的基本内容。其中，"关注"本质上反映了主体对客体觉察自我存在感的初级认知，是激活主体人际获得意识的感知觉基础，也是产生人际获得意识的初级形式。然而，具有主客体双向影响的"重要"和"依赖"两维结构是促进主体产生人际获得意识的高级认知，是唤醒人际获得意识的内核。可见，从"关注"到"重要"或"依赖"心理认知所摄取的信息资源来看，其人际获得意识是从低级获得感认知加工向高级获得感认知加工的深入（图4-2）。

关于自我延伸和欣赏两个要素，在某种程度上是重要和依赖两个基本维度的扩展和延伸，是进一步诱发人际获得意识的内涵和外延。基于对文献的研究，关于"自我延伸"和"欣赏"两成分是否作为一级基本维度"重要"和"依赖"而独立存在，该问题学术界仍未做出统一的结论。因此，本研究要针对这一问题进行探索和验证性分析研究，以考察探讨"重要"与"依赖"、"自我延伸"与"欣赏"两对维度之间存在着"怎么样"的本质关系。无论是三大基本维度，还是五小因子，对人际获得意识都具有正向的预测作用。

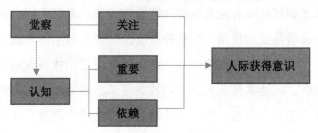

图4-2 人际获得意识的心理结构模型

二、 人际获得能力

能力是个体顺利完成某一项活动或任务所具备的必要素质。能力与知识密不可分，两者相辅相成，相互影响、互为促进、互为转化。正确理解人际获得能力的内涵及其要素，对客观把握人际获得能力的心理结构模型具有重要的意义。

（一）人际获得能力的内涵与要素

人际获得能力是指主体在人际交往过程中所体现出来的一种能让自我获得积极情绪的能力，是主体产生人际获得感的能力因素。根据文献研究，认为人际获得能力主要包括两个方面的内容：人际获得知识与人际获得技能，两维度共同影响了人际获得能力的强弱。

人际获得知识　人际获得知识是指在人际交往过程中，能够增强主体获得感、满足感和幸福感所具有的人际交往知识和理论。知识是能力发生迁移的理论基础，也是提高能力的重要保障。主体人际获得知识的现状是否丰富对人际获得感的产生与否具有重要的理论意义。主体人际获得知识，其结构体系愈完整，愈能提高主体知识应用意识，并促使主体人际关系生态化良性运行；相反，不利于主体处理复杂的人际问题，对改善人际困境、发展人际良性循环具有消极的阻碍作用。人际获得知识具体可表现为人与人相处的基本原则、道德准则及其个体意义和社会价值等方面的内容。可见，人际获得知识对形成人际获得感之积极体验发挥着重要的作用。

人际获得技能　人际获得技能是指在人际交往过程中，能够增强主体获得感、满足感和幸福感所具有的人际交往技能和经验。人际获得技能在现实人际交往过程中发挥着重要的作用，在某种程度上来说，对主体形成人际获得感具有决定性意义。即人际获得技能的贫乏与否将会决定主体在现实人际沟通、人际互动中的成败。主体掌握的人际获得技能越多，越能增强主体在人际交往中的获得感、满意感和幸福感。相反，人际获得技能缺失严重，将会影响主体在人际交往中的积极表现，进而有碍于主体人际获得感的产生。根据人际获得技能的表现方式，可以将人际获得技能划分为言语表达能力、理解共情能力、角色共享能力、行为支持能力等有关沟通与助人技能方面的内容。可见，人际获得技能对增强主体人际获得感具有积极的预测作用。

（二）人际获得能力的心理结构模型

人际获得能力主要包括了人际获得知识和人际获得技能，其结构模型为两者共同影响着人际获得能力（图4-3）。同时，人际获得知识和人际获得技能具有双向影响性。其中人际获得知识对人际获得能力的展示具有基础理论性作用，而人际获得技能在现实人际交往过程中发挥着直接的功效。也就是说，如果主体人际获得知识水平越高，理论结构越完整，又具备较强的人际获得技能和理论应用实践能力，那么主体的人际获得能力将会明显增强；相反，人际获得能力将会减弱，不利于增强人际获得意识。

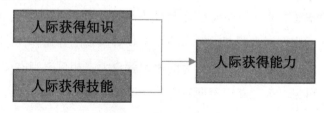

图 4-3 人际获得能力的心理结构模型

三、 人际获得行为

人际获得行为是研究人际获得感的落脚点，其行为方式有利于我们更加透彻地认识主体人际心理活动。深入了解人际获得行为的内涵及其构成要素，正确把握人际获得行为的心理结构模型，对进一步认识大学生人际获得感的形成具有重要的理论意义。

（一）人际获得行为的内涵与要素

人际获得行为是指个体基于主客体交互作用所形成的精神获得感或主观幸福感状态，并自觉生成与他人继续交往的可持续发展动力与行为倾向。人际获得行为是从行为层面来考察人际获得感的内涵，本质上是主体对客体（交往对象）交往获得感受的反作用，体现在主体的行动上。根据人际获得行为的内涵，其维度包括了两个子因素：人际获得动机和人际获得意向，两维度共同推动了人际获得行为的发生、发展。

人际获得动机　人际获得动机指个体基于主客体交互作用所形成的精神获得感或主观幸福感状态，并自觉生成与他人继续交往的可持续发展动力。该动力既包含了目标的方向，也体现了情绪情感的特征。情绪情感是诱发动机的重要因子，人际获得情绪愈积极乐观、正面向上，愈能激发人际获得动力，并朝指定的目标前进，以满足主体人际交往的需要。相反，个体人际获得情绪消极负向，则会减弱主体人际获得动机，不利于人际交往积极行为的发生、发展。

人际获得意向　人际获得意向指个体基于主客体交互作用所形成的精神获得感或主观幸福感状态，并自觉生成与他人继续交往的态度倾向和行为准备。人际获得意向的强弱对人际获得行为的发生具有重要的导向作用。即人际获得意向愈强烈，主体发生人际获得行为的概率就愈大；相反，则有碍于人际获得行为的生成。可见，人际获得意向对人际获得行为具有正向的预测功能。

（二）人际获得行为的心理结构模型

人际获得行为主要包括人际获得动机和人际获得意向两个基本元素，其心理结构模型主要是指主体在人际获得动机和人际获得意向两元素的共同影响下，对人际获得行为的生成具有正向的预测作用（图4-4）。即主体人际获得动机积极乐观、正面健康，必将进一步增强人际获得意向，从而推动人际获得行为的产生。相反，在人际获得动机消极悲观情绪状态下，必将减弱人际获得意向，从而影响人际获得行为的成功展示。可见，人际获得动机、人际获得意向以及人际获得行为，三维结构构成了一个相互影响、相互作用的心理磁场。

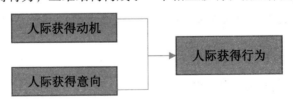

图4-4　人际获得行为的心理结构模型

四、大学生人际获得感的心理结构模型

综上所述，大学生人际获得感的心理结构是由人际获得意识、人际获得能力和人际获得行为三个基本要素共同构成的可能三角模型（如图4-5所示）。一个完整的人际获得感心理和行为活动过程是这三个要素在人际获得情境条件下发生的一种主客体相互影响、相互制约、共同作用的结果。首先，基于在人际获得意识与人际获得能力两大基本要素不存在相互影响、相互作用的前提条件下，这两大基本要素

将共同对人际获得行为产生单向影响，且两者缺一不可。同时，人际获得行为也有可能分别反作用于人际获得意识和人际获得能力。尤其在紧急救助的情况下，不仅要有紧迫的人际获得意识，而且还要具备较强的人际获得能力，否则将不会产生良好的人际获得行为效果。例如，如果个体缺乏强烈的人际获得意识（比如低自尊的人），即使在复杂的情景下也具备人际获得的能力（问题解决能力），面对此景可能的结果时也不会表现出人际获得行为。其次，基于在人际获得意识与人际获得能力两大基本要素存在相互影响、相互作用的前提条件下，可能存在人际获得意识、人际获得能力、人际获得行为三者交互作用的模式。也就是说，增加任何一个维度的张力，都有可能导致另外一个或者两个维度张力的增加；相反，都会减弱另外一个或者两个维度的张力程度。例如，当我们正在做一项具有挑战性的任务时（紧急救援情景）所表现出来的行动遭到失败时，这个活动事件不仅仅对进一步增强人际获得意识有反作用；同时，在人际获得意识觉醒状态下，会自觉反思失败的原因及其能力水平，进而促进主体自觉养成并主动提高自我人际获得能力的动机，为以后再遇到类似人际困境之时积淀人际获得能力的心理基础。

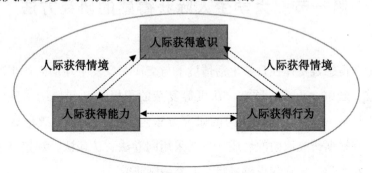

图 4 - 5　人际获得感的心理结构三角模型①

①　实线箭头表示人们在特定人际情境中的人际获得感心理结构的一般模式即人际获得意识与人际获得能力共同对人际获得行为发生积极作用；虚线箭头表示在特定人际情境中的人际获得感心理结构的可能模式，该模式强调了人际获得行为对人际获得意识、人际获得能力的反作用以及人际获得意识与人际获得能力的交互可能。

第五章

积极教育视域下大学生人际获得感的探索与验证

基于积极教育视域下大学生人际获得感理论建构问题研究，本章将以量化研究为导向，对我国大学生人际获得感的心理结构模型构想加以实证探索和验证分析，以开发信效度良好的大学生人际获得感问卷，并为进一步考察我国大学生人际获得感的现状与特点提供决策性依据。

第一节　大学生人际获得感的研究方法

人际获得感是主体在日常生活情境下与交往对象发生互动而产生的一种被他人尊重、理解、重视、欣赏、认可等复杂的积极认知和情绪情感体验。因此，基于日常生活交往情境导向的研究方法是研究人际获得感形成的生态思路。本研究根据研究取向的性质，主要采用问卷法、访谈法、观察法等多种研究手段，对大学生人际获得感进行了问卷编制研究。

一、研究对象

大学生是青年群体的典型代表，也是享受新时代发展成果的重要群体。本研究共选取 380 名大学生，被试主要由访谈被试和问卷调查被试两部分构成，取样主要由无锡 1 所高职专科、1 所本科高校大学生组成。其中有效访谈被试48 人（男生 20 人，女生 28 人）；大专学历 30 人，本科学历 18 人。问卷调查研究中的被试 332 人，主要由在校大学生和社会大学生构成。其中男生 97 人，占比为 29.22%；女生 235 人，70.78%。在校大学生 316 人，占比为 95.18%；社会大学生 16 人，4.82%。高中及以下文化程度的社会大学生 8 人，占比为 2.41%；大专生 85 人，占比 25.6%；本科生 239 人，占比为 71.99%；研究生 8 人，占比 2.41%。

二、研究工具

大学生人际获得感问卷编制涉及的研究工具主要包括两个方面：结构化访谈问卷和封闭式调查问卷。

在开放式访谈部分，结构化访谈提纲主要针对人际获得感的内涵、结构、影响因素等命题进行操作化设计。主要要求被试分别简要描述近期人际交往的现状，包括与哪些人群进行了沟通和交流；在人际互动的过程中，交往对象让自己最满意的地方是什么？抑或详细列举在不同类型群体交往的过程中，你感觉收获的内容有哪些？以及影响彼此进行深度沟通与交流的因素有哪些？

在封闭式调查问卷部分，依照人际获得感心理结构假设，结合访谈材料和文献研究，经过反复修改，共设置 52 个相关条目（问题），要求被试根据项目问题分别做出程度判断，即依照被试对于特定情境下人际获得感的认知、体验或反应的真实情况，按照 Likert 5 点评定制（完全不符合 = 1 ~ 完全符合 = 5）做出相应评定。

在问卷提纲初稿编订完成后，邀请了 6 名专家（2 名心理学博士、2 名社会学副教授、2 名教育学副教授）分别对问卷提纲做出效度评价并提出修改意见。根据专家评价的结果和意见，对问卷提纲初稿进行修订。再选取 50 名大学生进行预调查，根据调查过程中发现的问题，对问卷提纲在文字表述上做局部修改。这样，最终大学生人际获得感问卷编制提纲由三大模块 52 个问题或条目构成，其框架主要包含了主体的基本信息，人际获得意识、人际获得能力、人际获得行为三大模块的信息调查内容。

三、 统计分析

本研究的目的, 一是要探索和验证大学生人际获得感心理结构的诸要素以及要素间存在的结构关系, 二是要探索不同群体人口学变量和社会学变量在人际获得感各维度存在的潜在差异。因此, 依照数据特点和研究需要, 本研究重点采用中级和高级两种数据统计软件完成本研究各类数据的统计分析工作。其中, 中级统计软件选用社会科学统计软件包 SPSS11.0, 高级统计选用 AMOS 4 结构方程模型统计程序。前者主要用于对获取的原始信息建立数据库, 对原始数据进行定义、转化、拆分、合并等, 以及根据数据的性质和研究需要, 完成各项数据的初级和中级统计分析工作, 如数值分布、均值统计、标准差分析、相关分析、因素分析、均值显著性分析、方差分析; 后者是在 SPSS 统计分析的基础上, 借助大学生人际获得感心理要素之间的相关关系, 对大学生人际获得感心理结构进行验证性因素分析。

第二节　大学生人际获得感的探索性因素分析

探索性因素分析是问卷编制过程中用于探索问卷结构的最为常用方法, 旨在考察问卷的基本结构体系。通过对大学生人际获得感的探索性因素分析, 对进一步把握大学生人际获得感的维度, 验证其科学性具有重要的统计学意义。

一、 大学生人际获得感的理论假设

根据大学生人际获得感理论构想, 结合访谈问卷和相关文献研究, 我们假设大学生人际获得感囊括了三大模块 (人际获得意识、人际获得能力、人际获得行为), 且总体量表包括 52 个问题或条目。其中, 人际获得意识包括 3 个维度即关注、重要、依赖, 商榷子结构自我延伸、欣赏两小因子内含于三个基本

结构，且设有 24 个项目问题；人际获得能力包括 2 个维度即人际获得知识、人际获得技能，且设有 14 个项目问题；人际获得行为内含 2 个维度即人际获得动机、人际获得意向，且设有 14 个项目问题。人际获得感各维度定义的内涵与外延见表 5 - 1。

表 5 - 1 人际获得感各维度定义的内涵和外延

模块	维度	内涵	外延
人际获得意识	关注	个体感受到自己能够得到他人的注意	注意我 熟悉我 认识我
	重要	个体对他人来说是重要的，是他人关心的对象	理解我 关心我 支持我 批评我
	依赖	他人会为了满足他们自己的需要而向主体寻求帮助	需要我 信任我 想念我 分享客体感受 需要主体帮助 采纳主体建议
人际获得能力	知识	主体获得人际交往满足感和幸福感所应具备的一般知识	人际交往原则 人际交往知识 人际交往礼仪
	技能	主体获得人际交往满足感和幸福感所应具备的一般技能	人际沟通能力 语言表达能力 人际合作能力 人际共情能力

模块	维度	内涵	外延
人际获得行为	动机	主体感受人际情绪之后所引发的人际交往情绪动力	人际积极情绪
			人际消极情绪
	意向	主体感受人际情绪之后所引发的人际交往意志倾向	人际开放性
			人际主动性
			人际融入性
			人际支持性

理论假设三大模块相互独立存在，内小因子不具有统计学意义上的相关关系。在一般情境下，人际获得意识与人际获得能力两大自变量共同对因变量人际获得行为发生作用，并反作用于自变量两大模块。即当主体人际获得意识强烈，并具有较强的人际获得能力时，则人际获得行为将会更加积极主动。相反，人际获得感微弱，积极情绪情感偏少，将会进一步降低人际交往的需要性、主动性，进而又将影响人际获得意识的唤醒程度和人际获得能力的自觉养成；在较为复杂的人际情境下，人际获得意识、人际获得能力、人际获得行为三大模块相互作用、相互影响，共同推动人际获得感心理与行为的形成、发展。

二、 大学生人际获得感的探索性因素分析

根据大学生人际获得感的理论构想，结合历史文献相关研究，分别对人际获得感三大模块每个因子设置多个条目，共计 52 个条目。其中，人际获得意识分量表设置 24 个项目，人际获得能力分量表设置 14 个项目，人际获得行为分量表同样内设 14 个项目。要求被试结合其人际获得情境对每个条目所提出的问题做出反应。

运用该提纲对 332 名中的 166 位社会大学生、在校大学生进行预测验后，使用 SPSS11.0 对调查结果进行因素分析，分别对上述三大模块分量表内设条目进行筛选。筛选采用主成分分析法（PC），抽取公因子，然后对因子负荷矩

阵进行正交旋转，依据各条目的因子负荷值、共同度等指标，对每个条目逐一进行分析、筛选。具体而言，本研究参考以下标准删除有关条目：（1）在多个因子上负荷都高于0.3或在每个因子上负荷都小于0.4；（2）条目的共同度小于0.4；（3）条目最大的两个因子负荷之差小于0.25；（4）条目与问卷的相关小于0.2。这样共有14个条目被删除，最终保留了38个条目。其中，人际获得意识分量表20个项目，人际获得能力分量表9个项目，人际获得行为分量表9个项目。

（一）人际获得意识分量表

对166名被试在封闭式调查问卷24个项目上的判断结果进行探索性因素分析，KMO检验值为0.900，巴特利特球形检验值为190，$p < 0.001$，说明各条目间有共享因素的可能性，可以进行因素分析。

采用主成分分析法和方差极大正交旋转求出最终的因子负荷矩阵。根据碎石图和解释方差的百分比，结合陡阶检验准则提取因子，抽取特征值大于1的因子共计4个（如图5-1所示），解释总变异的59.160%。旋转后的因子负荷情况见表5-2。

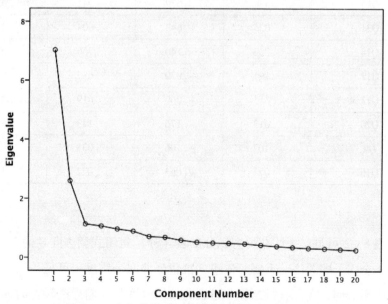

图5-1　人际获得意识分量表的因素分析碎石图

表5-2 人际获得意识的心理结构

项目	维度			
	自我延伸	关注	依赖	重要
Q30	.717	-.084	.238	-.166
Q26	.707	-.203	.205	.116
Q28	.706	-.135	.290	.170
Q25	.704	-.148	.220	.254
Q24	.696	-.155	-.030	.100
Q29	.658	-.078	.132	.265
Q17	.616	-.038	.400	.110
Q23	-.152	.757	-.058	.168
Q19	-.041	.717	-.287	.275
Q21	-.122	.712	-.094	-.220
Q27	-.022	.685	-.026	-.275
Q11	-.155	.680	-.087	-.335
Q15	-.336	.679	-.041	.038
Q31	-.025	.643	-.004	-.044
Q14	.233	-.140	.766	.027
Q12	.191	-.070	.685	.134
Q13	.355	-.069	.619	.232
Q20	.013	-.176	.143	.556
Q9	.107	-.106	.033	.553
Q16	.077	-.063	.022	.541

由表5-2可见，人际获得意识分量表（S1）封闭式调查问卷的20个条目包含了4个因子即关注、重要、依赖、自我延伸四个维度。可见，经探索性因素分析结果表明，人际获得意识分量表的结构维度与我们理论假设的维度稍有

变化，原假设大学生人际获得意识包括了三个经典维度即关注、重要、依赖，而自我延伸和欣赏二个维度内含重要与依赖两个维度。然后，实践检验表明，自我延伸维度是独立于其他三个经典维度而存在的，欣赏子维度却表现为自我延伸的子集。因此，我们认为大学生人际获得意识的心理结构主要由关注、重要、依赖、自我延伸四个维度构成。其中，因子一"关注"（Y1）是指个体感受到自己能够得到他人的注意。集中体现了交往对象对自我存在的觉察注意，熟悉认识程度。因子二"重要"（Y2）是指个体对他人来说是重要的，是他人关心的对象。集中体现在他人对自我需要层面的满足感，例如理解我、关心我、支持我、帮助我、批评我等内容。因子三"依赖"（Y3）是指他人会为了满足他们自己的需要而向主体寻求帮助，主要包括需要我、信任我、想念我、分享客体感受、采纳主体建议等内容。因子四"自我延伸"（Y4）强调了自我的一部分已成为他人生活或者生命当中的重要组成部分，主体的喜怒哀乐与交往客体的情绪情感密切相连。例如，别人会因我的成功而感到快乐、满意和自豪。这就是一种他人对自我延伸的认可和体会。

（二）人际获得能力分量表

对 166 位被试在封闭式调查问卷 14 个项目上的判断结果进行探索性因素分析，KMO 检验值为 0.898，巴特利特球形检验值为 36，$p < 0.001$，说明各条目间有共享因素的可能性，可以进行因素分析。

采用主成分分析法和方差极大正交旋转求出最终的因子负荷矩阵。根据碎石图和解释方差的百分比，结合陡阶检验准则提取因子，抽取特征值大于 1 的因子共计 2 个（如图 5 - 2 所示），解释总变异的 77.446%。旋转后的因子负荷情况见表 5 - 3。

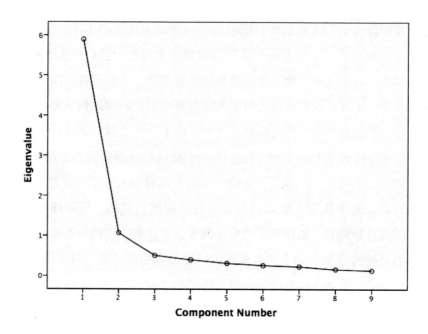

图 5 - 2　人际获得能力分量表的因素分析碎石图

表 5 - 3　人际获得能力的心理结构

项目	维度	
	知识	技能
Q34	.860	.060
Q36	.845	.018
Q35	.787	.064
Q33	.782	.078
Q38	.695	.074
Q45	.064	.882
Q47	.044	.843
Q44	.032	.813
Q46	.072	.783

由表 5 - 3 可见，人际获得能力分量表（S2）封闭式调查问卷的 9 个条目包含了 2 个因子即人际获得知识、人际获得技能两个维度。其中，人际获得知识（Y5）是指主体获得人际交往满足感和幸福感所应具备的一般知识和经验，主要包括了人际交往知识、人际交往原则、人际交往艺术等表现内容；人际获得能力（Y6）是指主体获得人际交往满足感和幸福感所应具备的一般技能，主要包括了人际理解能力、人际共享能力、人际合作能力、语言表达能力、人际沟通能力等表现内容。

（三）人际获得行为分量表

对 166 名被试在封闭式调查问卷 14 个项目上的判断结果进行探索性因素分析，KMO 检验值为 0.910，巴特利特球形检验值为 36，$p < 0.001$，说明各条目间有共享因素的可能性，可以进行因素分析。

采用主成分分析法和方差极大正交旋转求出最终的因子负荷矩阵。根据碎石图和解释方差的百分比，结合陡阶检验准则提取因子，抽取特征值大于 1 的因子共计 2 个（见图 5 - 3 所示），解释总变异的 65.559%。旋转后的因子负荷情况见表 5 - 4。

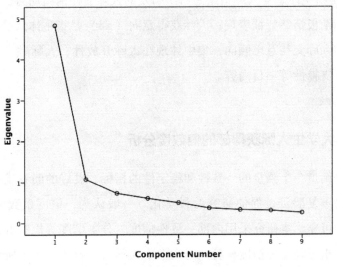

图 5 - 3 人际获得行为分量表的因素分析碎石图

表5-4　人际获得行为的心理结构

项目	维度	
	意向	动机
Q53	.839	.010
Q49	.835	-.093
Q54	.829	.099
Q60	.825	.098
Q50	.784	-.008
Q57	.760	.056
Q56	.715	-.091
Q32	.093	.926
Q59	.054	.963

由表5-4可见，人际获得行为分量表（S3）封闭式调查问卷的9个条目包含了2个因子即人际获得动机、人际获得意向两个维度。其中，人际获得动机（Y7）是指主体感受人际情绪之后所引发的人际交往情绪动力，主要包括了积极情绪和消极情绪特征表现；人际获得意向（Y8）是指主体感受人际情绪之后所引发的人际交往意志倾向，集中体现在人际开放性、人际融入性、人际主动性、人际支持性等项目内容。

三、 大学生人际获得感的信效度分析

信度是衡量一个测量的一致性和稳定性的指标，良好的问卷或测量信度有助于研究的重复验证，促使研究的科学化。一般认为，信度系数为 0.7~1.0 的测验较为可靠。本研究采用内部一致性信度、分半信度等检验方法对新生代农民工被看重感问卷作信度检验。对大学生人际获得感8小因子所包含的条目分别进行内部一致性分析，结果（见表5-5）可知这8小因子的 p 值均小于

0.001，说明该问卷的重复度量效果很好；克伦巴赫 Cronbach's α 系数在 0.584 ~0.876，表明各因子内部一致性信度较高，达到研究的一般要求。另外，对人际获得感三大模块进行内部一致性分析可知，总体克伦巴赫信度系数可达 0.833，而人际获得意识、人际获得技能、人际获得行为三大维度信度分别为 0.881、0.748、0.687。可见，该量表设置三大模块、8 小因子具有心理测量学的统计意义，说明本问卷信度良好，可以作为大学生人际获得感的评估工具。

表 5 – 5　8 小因子各自所包含因子的内部一致性分析（N = 166）

因子	关注	重要	依赖	自我延伸	知识	技能	动机	意向
均值（M）	17.284	11.024	9.649	24.052	19.034	15.119	6.369	25.619
标准差（SD）	4.089	1.972	1.878	3.941	3.260	2.567	1.160	4.351
F 值	3.930	8.181	8.651	16.711	13.925	17.318	3.046	24.457
P 值	0.000	0.000	0.000	0.000	0.000	0.000	0.000	0.000
α 系数	0.876	0.671	0.674	0.609	0.630	0.628	0.706	0.584

效度在量表编制过程中是一项非常重要的检验指标，本研究采用内容效度、构想效度、效标关联效度等关键性指标来判断大学生人际获得感理论模型的效度标准。首先，内容效度是指项目对将要测的内容或行为范围取样的适当程度（郑日昌，1999）。内容效度的验证一般采用定性分析。本问卷在编制过程中通过分析文献综述、参考类似问卷、进行个人访谈以及实施开放式问卷等途径来获得问卷题项，其间参考了相关领域学者的意见，形成了原始问卷。后又经过群体施测、研究、分析、修改各题项，基本确保了问卷所测题项及维度能够涵盖被试群体的特征。因此，可以肯定本研究编制的问卷具有良好的内容效度。其次，构想效度是指测验对心理学理论上的结构或特质的测量程度。通常采用相关或因素分析的方法来分析。探索性因素分析和验证性因素分析数据结果表明，大学生人际获得感三大模型结构清晰，各项指标都满足心理学测量标准的要求。为进一步检验大学生人际获得感量表的结构效度是否可信，根据因素分析理论内涵可知"各个因素之间应该有中等程度的相关，如果相关太高

说明因素之间有重合，有些因素可能并非必要；如果因素之间相关太低，说明有的因素测的是与所要测量的目标完全不同的内容，而并非都是本研究所关心的内容"。因此，本研究的项目分析结果表明，大学生人际获得感正式问卷各个因素之间的相关在 0.047~0.572，呈中等程度相关；各个因素与分量表总分之间的相关在 0.154~0.976，存在较高相关（见表 5-6）。研究表明问卷结构基本符合心理测量学的标准，问卷结构效度良好。另外，已有研究表明，人际获得感与自尊、归属感、心理卫生等心理变量呈显著正相关，因此本研究以自尊为效标变量，探索两者之间的内在关系。采用 Rosenberg 自尊问卷在正式施测时和大学生人际获得感问卷一起发放。结果显示，自尊总分与人际获得感总分及人际获得意识、人际获得能力、人际获得行为均显著正相关，说明该量表的效标关联效度可以接受。

表 5-6　大学生人际获得感问卷各个因素之间及其总分之间的相关系数表

	Y1	Y2	Y3	Y4	Y5	Y6	Y7	Y8	S1	S2	S3	Sz
Y1	1											
Y2	-0.405**	1										
Y3	-0.300**	0.551**	1									
Y4	-0.371**	0.437**	0.404**	1								
Y5	-0.355**	0.543**	0.500**	0.574**	1							
Y6	-0.298**	0.532**	0.465**	0.483**	0.498**	1						
Y7	0.047**	0.222**	0.305**	0.378**	0.336**	0.364**	1					
Y8	-0.372**	0.527**	0.486**	0.417**	0.403**	0.463**	0.375**	1				
S1	0.201**	0.615**	0.655**	0.766**	0.449**	0.540**	0.428**	0.580**	1			
S2	-0.358**	0.584**	0.525**	0.674**	0.940**	0.901**	0.378**	0.790**	0.530**	1		
S3	-0.319**	0.609**	0.592**	0.725**	0.703**	0.763**	0.569**	0.976**	0.616**	0.790**	1	
Sz	-0.154**	0.693**	0.683**	0.832**	0.785**	0.831**	0.521**	0.879**	0.843**	0.873**	0.903**	1

注：$^*p<0.05$；$^{**}p<0.01$。

综上所述，以心理测量学和统计学检验为判断依据，我们认为大学生人际获得感心理结构包括三大维度、8 小因子，共计 39 个项目。即三大维度包括人际获得意识（S1）、人际获得能力（S2）、人际获得行为（S3），其中，人际获得意识分量表包括 4 个因子：关注（Y1）、重要（Y2）、依赖（Y3）、自我延伸（Y4），共计 20 个项目；人际获得能力分量表内含 2 个维度：人际获得知识（Y5）、人际获得能力（Y6），共计 9 个项目；人际获得行为分量表内设 2 个因子：人际获得动机（Y7）、人际获得意向（Y8），共计 10 个项目。为了验证大学生人际获得感心理结构的合理性，研究还需要对此进行验证性因素分析，以确保大学生人际获得感内容效度、结构效度的精准性。

第三节　大学生人际获得感的验证性因素分析

根据大学生人际获得感的探索性因素分析，大学生人际获得感存在三大模块、8 小维度。为了进一步验证大学生人际获得感心理结构的合理性，本研究采用了 Amos 软件对大学生人际获得感心理结构及其运行机制进行验证性因素分析。

一、　大学生人际获得感心理结构的验证性因素分析

对 332 名中的 166 位大学生、社会大学生进行验证性因素分析，分别从大学生人际获得感心理结构的三大模块进行验证分析，以验证三大模块探索性心理维度及其人际获得感心理结构模型的合理性，分析结果如以下图表所示。一般而言，模型拟合程度指标主要有三类，即绝对拟合指标、相对拟合指标和简约拟合指标，这三类指标各自有若干具体指标。结合近年心理学文献中使用结构方程分析时拟合指标的使用情况，此处主要采用绝对拟合指标中的卡方与自由度之比、拟合优度指数（GFI）、调整后的拟合优度指数（AGFI）、近似误差均方根（RM-SEA）和相对拟合指标中的比较拟合指数（CFI）等指标作为本研究各结构模型拟合程度的判别标准。

（一）人际获得意识

结合人际获得意识四维心理结构的指标体系，根据模型拟合参数标准：
（1）模型无负的误差方差；（2）标准化系数小于1（小于0.95为佳）；（3）无
太大的标准误；（4）卡方比值接近或小于2（不超过5）；（5）GFI、AGFI、
RMSEA和CFI大于0.9（不低于0.8）；（6）RMSEA小于0.1（小于0.05为最
佳）（侯杰泰、温忠麟、成子娟，2004），并参照各模型的标准化系数、标准误
的实际情况，对大学生人际获得意识模块逐步进行一阶因子和高阶因子验证性
因素分析。

一阶因子分析结果显示（图5-4），由大学生人际获得意识心理结构验证
性一阶因子分析可知，其主要拟合指标都达到了测量学标准，具体拟合指标参
数如表5-7所示。

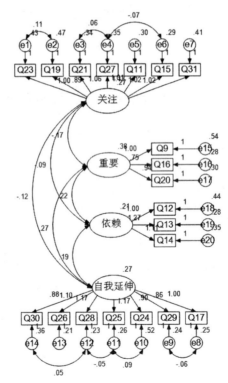

图5-4 人际获得意识验证性因素分析一阶模型

为了验证人际获得意识四维结构（关注、重要、依赖、自我延伸）存在一个更加高级的统摄因素，对大学生人际获得意识结构模型进行了高级因子分析。结合模型修正指标体系，对人际获得意识结构模型进行了模型修正，研究结果显示（见图5-5，表5-7），主要拟合指标参数都已达到了模型拟合参数标准即均可接受的心理结构模型。

表5-7 人际获得意识结构模型的主要拟合指标

模型	X^2/df	GFI	AGFI	TLI	CFI	RMSEA
一阶因子	2.482	0.895	0.859	0.896	0.914	0.067
高级因子	2.374	0.894	0.860	0.896	0.913	0.067

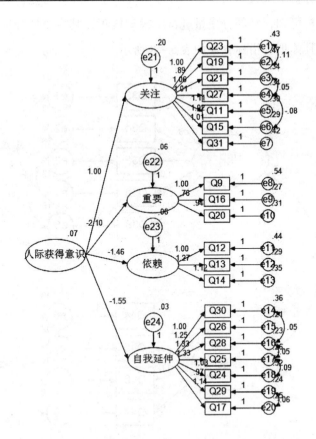

图5-5 人际获得意识验证性因素分析高阶模型

（二）人际获得能力

结合大学生人际获得能力两维心理结构的指标体系，根据模型拟合参数标准：（1）模型无负的误差方差；（2）标准化系数小于1（小于0.95为佳）；（3）无太大的标准误；（4）卡方比值接近或小于2（不超过5）；（5）GFI、AGFI、RMSEA和CFI大于0.9（不低于0.8）；（6）RMSEA小于0.1（小于0.05为最佳）（侯杰泰、温忠麟、成子娟，2004），并参照各模型的标准化系数、标准误的实际情况，对大学生人际获得能力模块逐步进行一阶因子和高阶因子验证性因素分析。

一阶因子分析结果显示（图5-6），由大学生人际获得能力心理结构验证性一阶因子分析可知，经部分变量进行了模型修正，其主要拟合指标都达到了测量学标准，具体拟合指标参数如表5-8所示。

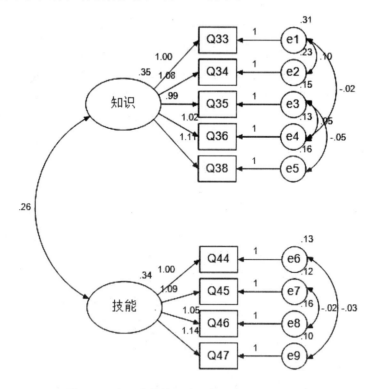

图5-6　人际获得能力验证性因素分析一阶模型

为了验证人际获得能力两维心理结构（人际获得知识、人际获得技能）存在一个更加高级的统摄因素，对大学生人际获得能力结构模型进行了高级因子分析。结合模型修正指标体系，对人际获得能力结构模型进行了模型修正，研究结果显示（见图5-7，表5-8），其主要拟合指标参数都已达到了模型拟合参数标准即均可接受的心理结构模型。

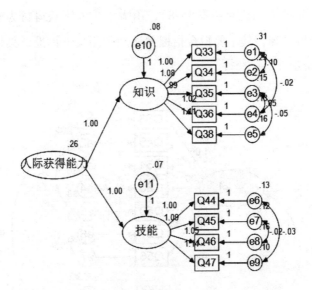

图5-7　人际获得能力验证性因素分析高阶模型

表5-8　人际获得能力结构模型的主要拟合指标

模型	X^2/df	GFI	AGFI	TLI	CFI	RMSEA
一阶因子	3.027	0.960	0.911	0.970	0.983	0.079
高级因子	3.181	0.958	0.906	0.967	0.982	0.082

（三）人际获得行为

结合大学生人际获得行为两维心理结构的指标体系，根据模型拟合参数标准：（1）模型无负的误差方差；（2）标准化系数小于1（小于0.95为佳）；

（3）无太大的标准误；（4）卡方比值接近或小于 2（不超过 5）；（5）GFI、AGFI、RMSEA 和 CFI 大于 0.9（不低于 0.8）；（6）RMSEA 小于 0.1（小于 0.05 为最佳）（侯杰泰、温忠麟、成子娟，2004），并参照各模型的标准化系数、标准误的实际情况，对大学生人际获得行为模块逐步进行一阶因子和高阶因子验证性因素分析。

一阶因子分析结果显示（图 5 - 8），由大学生人际获得行为心理结构验证性一阶因子分析可知，其主要拟合指标都达到了测量学标准，具体拟合指标参数如表 5 - 9 所示。

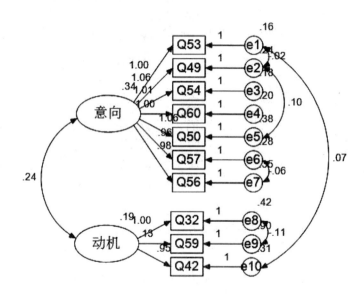

图 5 - 8　人际获得行为验证性因素分析一阶模型

为了验证人际获得行为两维心理结构（人际获得意向、人际获得动机）存在一个更加高级的统摄因素，对大学生人际获得行为结构模型进行了高级因子分析。结合模型修正指标体系，对人际获得行为结构模型进行了模型修正，研究结果显示（见图 5 - 9，表 5 - 9），其主要拟合指标参数都已达到了模型拟合参数标准即均可接受的心理结构模型。

表 5 - 9　人际获得行为结构模型的主要拟合指标

模型	X^2/df	GFI	AGFI	TLI	CFI	RMSEA
一阶因子	1.918	0.966	0.935	0.974	0.983	0.053
高级因子	3.342	0.939	0.896	0.934	0.953	0.085

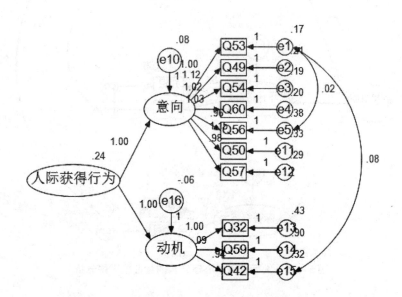

图 5 - 9　人际获得行为验证性因素分析高阶模型

（四）人际获得感

　　经过对大学生人际获得意识、人际获得能力、人际获得行为三大模块的一阶和高阶模型的验证性因素分析，可知三大模块作为各因素统摄因素的存在具有一定的科学性和合理性。为了进一步了解和验证三大模块是否存在并拥有一个更加具有统摄关系的因素结构，对大学生人际获得感整体心理结构模型展开进一步探索和验证。

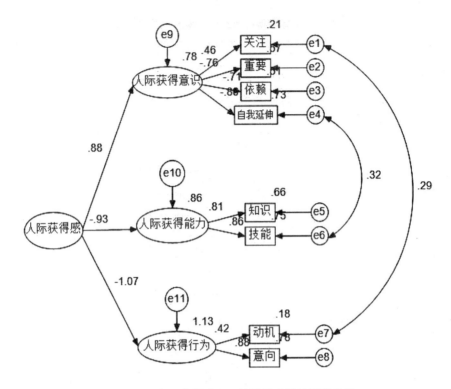

图 5 - 10　人际获得感心理结构的验证性因素分析

　　结合大学生人际获得感心理结构的指标体系（见表 5 - 10），根据模型拟合参数标准：（1）模型无负的误差方差；（2）标准化系数小于 1（小于 0.95 为佳）；（3）无太大的标准误；（4）卡方比值接近或小于 2（不超过 5）；（5）GFI、AGFI、RMSEA 和 CFI 大于 0.9（不低于 0.8）；（6）RMSEA 小于 0.1（小于 0.05 为最佳）（侯杰泰、温忠麟、成子娟，2004），并参照各模型的标准化系数、标准误的实际情况，对大学生人际获得感心理结构逐步进行一阶因子和高阶因子验证性因素分析。

　　结合人际获得感模型修正指标参数，对人际获得感心理结构进行了模型修正，研究结果显示（见图 5 - 10，表 5 - 10），其主要拟合指标参数都已达到了模型拟合参数标准即均可接受的心理结构模型。即通过对人际获得感心理结构的验证性因素分析可知，大学生人际获得感囊括了人际获得意识、人际获得能力、人际获得行为三大模块是可接受的心理结构模型。

表 5 - 10 人际获得感心理结构的主要拟合指标

模型	X^2/df	GFI	AGFI	TLI	CFI	RMSEA
一阶因子	4.166	0.983	0.934	0.910	0.900	0.031
高级因子	1.397	0.984	0.962	0.992	0.996	0.035

二、 大学生人际获得感结构模型构想的验证分析

基于理论构想的人际获得感内在结构关系，将对人际获得意识、人际获得能力、人际获得行为三大模块构造进行结构方程模型验证，模型验证分析结果见图 5 - 11 结构方程模型以及表 5 - 11 结构方程模型拟合度。

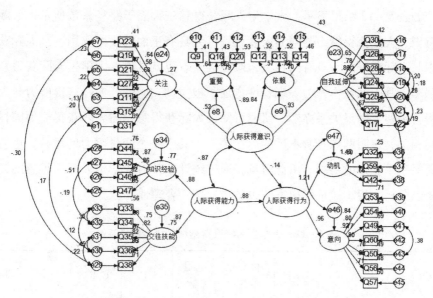

图 5 - 11 大学生人际获得感结构方程模型

经模型修正，从表 5 - 11 结构方程模型拟合度可知，各项指标均达到了检验标准的要求。其中绝对拟合指标中的卡方值为 283.410，自由度为 253，显著

性概率值 $P = 0.092 > 0.05$，表示未达到 0.05 的显著性水平，接受理论假设，其构想模型与实际数据可以契合。从其他整体适配度指标看，卡方自由度比值为 2.236 < 3—5，RMSEA 值为 0.061 < 0.08，也同样表明模型契合度良好。另外，GFI、AGFI、NFI、IFI、TLI、CFI 等各项测量指标均达到了 0.8 以上的标准。由此可见，大学生人际获得感结构模型具有良好的适配度。

表 5 – 11　大学生人际获得感结构方程模型拟合度

拟合指标	X^2/df	GFI	AGFI	TLI	CFI	RMSEA
判断标准	<3—5	>0.9	>0.9	>0.9	>0.9	<0.08
模型结果	2.236	0.810	0.857	0.887	0.898	0.061
结论	合格	合格	合格	合格	合格	合格

如表 5 – 12 结果显示，大学生人际获得感三大因子路径系数所示，人际获得意识、人际获得能力共同对人际获得行为具有正面的预测作用，且人际获得意识与人际获得能力具有高相关，假设成立。也就是说，大学生人际获得意识愈强烈，其人际获得行为表现程度愈加积极主动；同理，人际获得能力与人际获得行为两者因果关系亦然。研究可知，人际获得意识与人际获得能力同样存在高相关，表明两者具有本质的内在关联。其中一个变量驱力的增减，也会伴随着另一个变量的增减。由此可见，通过统计软件对大学生人际获得感问卷的调查和分析，逐步验证了研究假设的成立性、合理性。

表 5 – 12　大学生人际获得感结构模型路径系数

路径	非标准化系数	标准化系数	S.E.	C.R.	p	假设
人际获得行为←→人际获得意识	-0.769	-0.548	0.134	-5.726	***	成立
人际获得行为←→人际获得能力	0.537	0.837	0.059	9.035	***	成立
人际获得意识←→人际获得能力	-0.137	0.866	0.022	-6.206	***	成立

第六章

积极教育视域下大学生人际获得感的问题与成因

利用自编的《大学生人际获得感》问卷，调查中国东、中、西部高校大学生的现状，并对大学生人际获得感在性别、生源地、社会角色、政治身份、学历、家庭经济类型、家庭经济收入和父母文化程度等变量上的组群差异情况进行比较，探析新时代大学生人际获得感存在的主要问题及其成因，为中国大学生人际获得感提升路径研究提供一定的实证依据。

第一节　大学生人际获得感的现状调查

通过对大学生人际获得感的现状调查，基于积极教育视角透视新时代大学生人际获得感在多因素变量方面上的差异特征，并对新时代大学生人际获得感的差异特征做出深刻分析，为进一步探索积极教育视域下大学生人际获得感的问题与出路指明方向。

一、研究方法

运用的信效度良好的自编问卷《大学生人际获得感量表》，其心理结构包括三大模块，8 小维度，共计 39 个项目。本研究对我国东、中、西部 4009 名大学生进行取样调查，主要取样单位分别有江苏省 2 所高校，安徽省 3 所高校，黑龙江省 1 所高校，海南省 1 所高校，新疆维吾尔自治区 1 所高校。调查问卷共发放 4200 份，收回 4009 份有效问卷，具体如表 6-1 所示。

表 6-1 大学生人际获得感正式问卷被试构成情况（N=4009）

变量	变量含义	人数（人）	百分比（%）
性别	男	1894	47.24
	女	2115	52.76
生源地	农村	2376	59.27
	城镇	1633	40.73
角色类型	在校大学生	2987	74.51
	已毕业大学生	1022	25.49
学干类型	学生干部	1597	39.84
	非学生干部	2412	60.16
学历层次	大专	1537	38.34
	本科	1982	49.44
	研究生	490	12.22
家庭类型	完整家庭	2951	73.61
	单亲家庭	1007	25.12
	孤儿	51	1.27
家庭经济水平	经济优越	993	23.27
	经济良好	1388	34.62
	经济困难	1269	31.65
	经济特困	359	8.95
父母文化程度	高中及以下	78	1.95
	大专	1473	36.74
	本科	1722	42.95
	研究生	736	18.36

　　在所选取的城市找到心理学专业的老师或研究生，让其代为主试，问卷回收后以邮寄的方式寄回或按照统一要求将数据录入后，以网络的方式回收，最

后对数据做统一分析处理。统计方法采用 SPSS 11.5 for Windows 对数据进行分析和处理。

二、 研究结果

（一）大学生人际获得感的总体现状

根据大学生被试在"大学生人际获得感"问卷中的填答结果和得分进行统计分析，了解大学生在其人际获得感整体层面与各分层面的现状。

从总体上看，大学生人际获得感总体得分为 128.149 ± 14.413，且单个项目的平均值（3.101）均高于单个项目理论中值（3.000），因此大学生人际获得感总体上处于中等偏上水平；根据大学生人际获得感的各维度的得分从高到低依次为人际获得意识（62.009 ± 6.284）、人际获得能力（34.152 ± 5.375）、人际获得行为（31.988 ± 4.900），而被试在三大模块上单个项目的均值得分人际获得能力 > 人际获得行为 > 人际获得意识，其单个项目均值都 > 3。其中，在人际获得意识分维度上，大学生在重要、依赖、自我延伸维度上的单个项目均值 > 3，而在关注子维度上的得分最低，且单个项目均值 < 3；在人际获得能力分维度上，大学生在知识、技能两个因素上的单个项目均值都 > 3，而在人际获得技能因素上其得分最低；在分量表人际获得行为上，大学生在意向上的单个项目均值 > 3，而在动机因子上其单个项目均值 < 3，且两个要素均值得分都较低。这反映了大学生人际获得感是不一样的，是有层次差别的（见表 6-2）。

表 6-2 大学生人际获得感总体情况分布表（N=4009）

项目	得分范围	M	SD	单个项目均值	单个项目理论中值
关注	7~35	17.283	4.089	2.469	3
重要	3~15	11.024	1.972	3.675	3
依赖	3~15	9.649	1.878	3.216	3

项目	得分范围	M	SD	单个项目均值	单个项目理论中值
自我延伸	7~35	24.051	3.941	3.436	3
知识	4~20	19.034	3.260	4.759	3
技能	5~25	15.119	2.567	3.024	3
动机	3~15	6.369	1.160	2.123	3
意向	7~35	25.619	4.344	3.610	3
人际获得意识	20~90	62.009	6.284	3.101	3
人际获得能力	9~45	34.152	5.375	3.795	3
人际获得行为	10~50	31.988	4.900	3.199	3
人际获得感	39~185	128.149	14.413	3.286	3

(二) 大学生人际获得感的特征表现

1. 大学生人际获得感的性别差异

对大学生人际获得感的性别差异进行 t 检验，见表 6 - 3。总体上来看，大学生人际获得感总分上存在显著性性别差异，女生的人际获得感总分显著高于男生 ($P < 0.05$)；在人际获得感三大模块上，仅有人际获得能力存在显著性的性别差异，且女生的人际获得能力在总得分上要显著高于男生 ($P < 0.05$)；在人际获得感三大模块具体结构上，其中人际获得意识分维度关注、重要、自我延伸三个因子在总分上存在显著性差异，且关注因子男生要高于女生 ($P < 0.01$)、重要因子女生要高于男生 ($P < 0.001$)、自我延伸因子女生要高于男生 ($P < 0.05$)。而在人际获得能力上，其子因子技能女生得分要显著高于男生。

表6-3 大学生人际获得感性别特征的独立样本 *t* 检验

性别	男		女		T
	M	SD	M	SD	
关注	18.454	4.837	16.792	3.631	3.042**
重要	10.155	2.476	11.390	1.587	-4.536***
依赖	9.371	2.464	9.766	1.559	-1.461
自我延伸	23.134	4.877	24.437	3.413	-2.397*
知识	18.526	3.977	19.247	2.889	-1.615
技能	14.691	3.216	15.299	2.223	-1.966*
动机	6.258	1.236	6.416	1.130	-1.125
意向	24.938	5.338	25.905	3.830	-1.617
人际获得意识	61.113	9.488	62.385	4.253	-1.268
人际获得能力	33.217	6.747	34.546	4.643	-2.053*
人际获得行为	31.196	6.121	32.320	4.256	-1.649
人际获得感	125.526	20.628	129.251	10.659	-2.148*

注: *表示 $p < 0.05$,**表示 $P < 0.01$,***表示 $P < 0.001$ 。

2. 大学生人际获得感的社会角色差异

对大学生人际获得感的社会角色差异进行 *t* 检验,见表6-4。总体上来看,大学生人际获得感总分上存在显著的社会角色差异,已毕业的大学生群体总分要显著高于在校大学生 ($P < 0.05$);在大学生人际获得感三大模块上,人际获得能力模块在群体特征上具有统计学意义,即已毕业的大学生在得分上要显著高于在校大学生 ($P < 0.05$);在三大模块具体维度上,仅有人际获得能力方面在群体特征上存在差异即已毕业的大学生得分要显著高于在校大学生 ($P < 0.05$),其他维度均不具有统计学意义。

表6-4　大学生人际获得感角色类型特征的独立样本 t 检验

角色类型	在校大学生		已毕业大学生		T
	M	SD	M	SD	
关注	17.228	3.917	17.267	5.216	-0.029
重要	11.048	1.922	11.067	2.052	-0.036
依赖	9.635	1.779	10.400	2.874	-1.022
自我延伸	24.016	3.754	25.933	5.007	-1.901
知识	19.010	3.175	20.467	2.825	-1.744
技能	15.096	2.510	16.333	1.877	-2.449*
动机	6.369	1.149	6.600	1.121	-0.763
意向	25.599	4.197	27.267	4.682	-1.495
人际获得意识	61.926	6.209	64.667	6.651	-1.664
人际获得能力	34.106	5.216	36.800	4.212	-1.969*
人际获得行为	31.968	4.726	33.867	5.125	-1.514
人际获得感	128.000	13.923	135.333	14.927	-1.986*

注：*表示 $P < 0.05$，**表示 $P < 0.01$，***表示 $P < 0.001$。

3. 大学生人际获得感的生源地差异

对大学生人际获得感的生源地差异进行 t 检验，见表6-5。无论是大学生人际获得感总体得分，还是三大模块8小维度其人际获得感得分，在生源地变量上都不存在显著性差异。这表明无论生源地是来自城市，还是来自农村，其人际获得感水平已不再受成长大环境的影响。

表6-5　大学生人际获得感生源地特征的独立样本 t 检验

生源地	农村		城镇		T
	M	SD	M	SD	
关注	17.758	4.111	16.867	4.034	1.974
重要	10.752	1.868	11.263	2.034	-2.358
依赖	9.582	1.866	9.709	1.891	-0.610

生源地	农村		城镇		T
	M	SD	M	SD	
自我延伸	23.464	3.876	24.566	3.936	-2.547
知识	18.797	3.072	19.240	3.411	-1.288
技能	14.895	2.563	15.314	2.562	-1.477
动机	6.333	1.088	6.400	1.222	-0.518
意向	25.052	4.194	26.114	4.425	-2.222
人际获得意识	61.556	6.845	62.406	5.740	-1.223
人际获得能力	33.693	5.121	34.554	5.572	-1.450
人际获得行为	31.386	4.781	32.514	4.955	-2.092
人际获得感	126.634	14.532	129.474	14.217	-1.786

4. 大学生人际获得感的学生干部类型差异

对大学生人际获得感学生干部类型的独立样本进行 t 检验，见表6-6。除了知识因子在其量表得分上不具有统计学意义外，其他变量即人际获得感、人际获得感三大模块及其具体表现在其得分上都存在显著性差异（$P < 0.001$），且具有学生干部身份的大学生在其得分上要显著高于非学生干部类型的大学生。

表6-6 大学生人际获得感学生干部类型的独立样本 t 检验

学生干部类型	学生干部		非学生干部		T
	M	SD	M	SD	
关注	17.290	4.300	15.277	3.884	8.029***
重要	11.185	2.101	10.868	1.831	6.461***
依赖	9.728	1.959	7.572	1.797	7.752***
自我延伸	24.358	4.116	23.753	3.750	6.392***
知识	19.235	3.120	18.837	3.388	1.104
技能	15.062	2.688	13.175	2.449	-5.398***
动机	6.383	1.186	5.355	1.139	8.213***

学生干部类型	学生干部		非学生干部		T
	M	SD	M	SD	
意向	25.833	4.504	23.409	4.187	4.883***
人际获得意识	62.562	6.551	61.469	5.982	6.577***
人际获得能力	34.296	5.326	32.012	5.435	7.478***
人际获得行为	32.216	5.060	31.765	4.743	8.833***
人际获得感	129.074	14.666	127.247	14.147	7.148***

注：*表示 $P<0.05$，**表示 $P<0.01$，***表示 $P<0.001$；下同。

5. 大学生人际获得感的学历差异

对大学生人际获得感的学历特征进行方差分析，见表6－7。总体上来看，人际获得感在学历层次上表现出显著的统计学意义即不同学历的大学生在人际获得感（$P<0.001$）以及人际获得意识（$P<0.05$）和人际获得能力（$P<0.001$）模块上存在显著性差异。为了进一步了解不同学历的大学生之间的差异，对不同学历的大学生在总体和人际获得意识模块上的得分进行多重比较。结果显示，具有大专学历的大学生其得分显著高于本科、研究生学历的大学生；在人际获得意识模块上，其子因素关注、重要、依赖三个变量在学历特征上存在显著性差异（$P<0.01$），经多重检验可知，具有大专学历的大学生其得分显著依次高于本科、研究生学历的大学生；在人际获得能力模块上，子因素知识、技能在学历变量上存在显著性差异（$P<0.01$），而在人际获得行为模块上，子因素意向在学历变量上存在统计学意义。

表6－7　大学生人际获得感在学历变量上的方差分析

学生干部类型	大专		本科		研究生		F	多重检验
	M	SD	M	SD	M	SD		
关注	18.012	3.849	16.920	3.943	15.314	3.568	4.842**	1>2>3
重要	10.542	1.895	11.287	1.828	10.679	1.847	13.449***	1>2>3

续表

学生干部类型	大专		本科		研究生		F	多重检验
	M	SD	M	SD	M	SD		
依赖	9.7111	1.935	9.705	1.780	8.927	1.859	6.209**	1>2>3
自我延伸	23.711	3.712	24.317	3.720	25.714	3.793	5.776**	—
知识	19.193	2.730	19.034	3.260	19.364	3.596	6.932**	—
技能	15.024	2.409	15.257	2.423	15.201	2.496	6.521**	—
动机	6.519	0.980	6.338	1.170	6.297	1.475	1.921	
意向	25.700	3.680	25.776	4.239	25.331	5.019	6.798**	—
人际获得意识	61.976	7.182	62.228	5.309	63.197	4.751	4.029*	1>2>3
人际获得能力	34.217	4.628	34.376	5.155	34.977	6.138	7.858***	—
人际获得行为	32.217	4.150	32.114	4.721	32.952	4.217	6.615**	—
人际获得感	128.410	14.204	128.717	12.799	128.395	11.356	7.854***	1>2>3

注：1—大专；2—本科；3—研究生。

6. 大学生人际获得感的家庭类型差异

对大学生人际获得感的家庭类型差异进行方差分析，见表6-8。从总体上看，不同的家庭类型在人际获得感量表总得分上存在显著性差异（$P<0.05$）；从三大模块视角来看，除了人际获得意识模块没有达到统计学意义，人际获得能力、人际获得行为两大模块都具有统计学意义（$P<0.05$）；从三大模块具体维度来看，人际获得意识分量表中的关注、重要、依赖三个因子在得分上都存在显著性差异（$P<0.01$），而人际获得能力、人际获得行为两大模块中的因子知识、意向也同样均达到统计学意义（$P<0.01$）。为了进一步了解不同家庭类型大学生之间的差异，对不同家庭类型的大学生在总体和维度上的得分进行了多重比较。研究发现，除了因子关注、依赖两个变量家庭类型为孤儿的大学生在量表得分上要显著高于非孤儿类型家庭的大学生外，其他具有统计学意义的变量均为完整家庭、单亲家庭的大学生，其在量表得分上显著高于孤儿家庭类型的大学生。

表6-8　大学生人际获得感在家庭类型变量上的方差分析

家庭类型	完整家庭		单亲家庭		孤儿		F	多重检验
	M	SD	M	SD	M	SD		
关注	17.092	3.925	18.103	3.716	22.667	8.686	6.302**	3>1,2
重要	11.120	1.833	10.586	2.571	8.500	3.450	6.160**	1,2>3
依赖	9.765	1.754	9.276	2.034	5.833	2.927	14.646***	3>1,2
自我延伸	24.215	3.687	22.870	4.663	21.668	9.158	2.622	——
知识	19.150	3.178	18.931	2.645	13.833	5.707	8.181***	1,2>3
技能	15.208	2.406	14.586	3.202	13.333	5.428	2.271	——
动机	6.393	1.135	6.207	1.292	6.000	1.789	0.645	——
意向	25.775	4.159	25.138	4.406	20.333	8.914	4.921**	1,2>3
人际获得意识	62.191	5.666	60.862	9.698	58.667	12.580	1.459	——
人际获得能力	34.358	5.168	33.517	5.282	27.167	10.496	5.640**	1,2>3
人际获得行为	32.167	4.667	31.345	5.030	26.333	10.671	4.538*	1,2>3
人际获得感	128.717	13.391	125.724	17.838	112.167	31.180	4.417*	1,2>3

注：1—完整家庭；2—单亲家庭；3—孤儿。

7. 大学生人际获得感的家庭经济水平差异

对大学生人际获得感的家庭经济状况差异进行方差分析，见表6-9。从总体上来看，大学生人际获得感在家庭经济状况上存在显著性差异（$P < 0.001$）；在三大模块变量上，仅有人际获得意识模块在家庭经济状况上具有统计学意义（$P < 0.001$）；在三大模块具体表现上，除了人际获得行为模块上的动机因子在家庭经济状况上不存在显著性差异，其他因子变量均存在显著性统计学意义（$P < 0.001$）。为了进一步了解不同家庭经济水平的大学生之间的差异，对不同家庭经济水平的大学生在总体、三大模块及其子维度上的得分进行了多重比较。研究发现，除了关注因子一般困难和特别困难的大学生在得分上显著高于经济优越、经济良好的大学生外，其他具有显著性差异的变量，无论是人际获得感整体感受，还是三大模块及其因子，都表现为家庭经济良好的大学生其得分显著高于其他家庭经济状况的大学生。

表6-9 大学生人际获得感在家庭经济状况上的方差分析

家庭经济状况	经济优越 (M±SD)	经济良好 (M±SD)	一般困难 (M±SD)	特别困难 (M±SD)	F	多重检验
关注	15.833±6.322	16.809±3.780	18.625±3.641	20.000±5.910	6.527***	3,4>1,2
重要	10.583±4.010	11.339±1.633	10.297±1.832	9.625±3.324	8.313***	2>3,4
依赖	8.750±3.467	9.852±1.711	9.391±1.760	8.375±2.419	4.860**	2>1,4
自我延伸	23.417±7.267	24.640±3.373	22.844±3.591	20.688±6.580	8.264***	2>3>4
知识	17.917±6.855	19.560±2.629	17.922±3.282	16.563±5.151	8.626***	2>3,4
技能	15.250±5.225	15.364±2.180	14.547±2.115	13.688±5.082	3.528*	2>3,4
动机	5.917±2.109	6.466±1.112	6.156±0.979	6.125±1.455	2.133	—
意向	23.417±8.888	26.411±3.527	23.938±3.931	22.313±7.508	10.819***	2>1,3,4
人际获得意识	58.583±14.029	62.640±5.531	61.156±5.487	58.688±8.957	3.970***	2>1,3,4
人际获得能力	33.167±1.384	34.924±4.379	32.469±5.058	30.250±9.406	7.026	2>1,4
人际获得行为	29.333±10.316	32.877±3.982	30.094±4.286	28.438±8.540	10.615	2>1,3,4
人际获得感	121.083±34.017	130.441±11.542	123.719±12.529	117.375±24.565	8.492***	2>1,3,4

注：1—家庭经济优越；2—家庭经济良好；3—家庭一般困难；4—家庭特别困难。

8. 大学生人际获得感的父母文化程度差异

对大学生人际获得感的父母文化程度差异进行方差分析，见表6-10。从总体上看，大学生人际获得感及其三大模块在父母文化程度上并不存在显著性差异。同理，在人际获得感三大模块子维度上也未发现在父母文化程度上存在统计学意义。但是，对大学生人际获得感、三大模块及其结构进行多重检验，研究结果显示因子自我延伸、动机两个变量在其得分上存在显著性差异，且因子自我延伸这一变量，父母具有本科学历的大学生其得分显著高于父母文化程度为高中及以下的大学生。而父母文化程度为研究生的大学生其因子动机变量在得分上显著依次高于父母学历为本科、专科的大学生。

表 6 - 10 　大学生人际获得感在父母文化程度上的方差分析

父母文化程度	高中及以下 (M ± SD)	大专 (M ± SD)	本科 (M ± SD)	研究生 (M ± SD)	F	多重检验
关注	17.428 ± 3.960	16.640 ± 3.573	17.313 ± 4.825	17.125 ± 6.034	0.508	—
重要	10.874 ± 1.879	11.400 ± 1.917	11.396 ± 2.295	10.625 ± 2.504	1.724	—
依赖	9.581 ± 1.830	10.000 ± 1.690	9.708 ± 2.113	9.000 ± 2.726	1.014	—
自我延伸	23.608 ± 3.902	25.180 ± 3.287	24.625 ± 4.226	25.875 ± 5.276	3.281	3 > 2 > 1
知识	18.973 ± 3.133	19.280 ± 2.956	19.167 ± 3.910	18.375 ± 4.627	0.255	—
技能	15.022 ± 2.507	15.220 ± 2.574	15.563 ± 2.673	14.500 ± 3.586	0.761	—
动机	6.333 ± 1.116	6.160 ± 1.037	6.688 ± 1.355	6.750 ± 1.581	2.125	4 > 3 > 2 > 1
意向	25.387 ± 4.228	26.280 ± 3.785	26.292 ± 4.938	23.875 ± 6.490	1.414	—
人际获得意识	61.491 ± 5.994	63.220 ± 4.778	63.042 ± 8.069	62.625 ± 9.319	1.588	—
人际获得能力	33.996 ± 5.168	34.500 ± 5.207	34.729 ± 6.087	32.875 ± 7.882	0.465	—
人际获得行为	31.721 ± 4.753	32.440 ± 4.082	32.979 ± 5.692	30.625 ± 7.837	1.226	—
人际获得感	127.207 ± 13.749	130.160 ± 11.999	130.750 ± 17.659	126.125 ± 22.931	1.217	—

注：1—高中及以下；2—大专；3—本科；4—研究生。

第二节　大学生人际获得感的主要问题

基于大学生人际获得感问卷的现状调查，探析大学生人际获得感存在的主要问题，对进一步建构大学生人际获得感养成教育模式具有重要的意义。大学生人际获得感存在的主要问题包括四个方面的内容：总体上来看，大学生人际获得感整体水平有待提升。在具体维度上，大学生人际获得意识薄弱、大学生人际获得能力不足、大学生人际获得意志弱化。

一、 大学生人际获得感整体水平有待提升

根据大学生人际获得感现状调查，研究发现从总体上来看，大学生人际获得感总体得分为 128.149 ± 14.413，且单个项目的平均值均高于单个项目理论中值。因此，大学生人际获得感总体上处于中等偏上水平：积极乐观、状况良好，但是其整体状况仍具有较大的提升空间。大学生人际获得感状况整体向好，这和我们国家党的政策、经济发展水平等客观因素密不可分。党的十九大报告进一步指出，要"不断满足人民日益增长的美好生活需求，促进社会公平正义，形成有效的社会治理、良好秩序，使人民获得感、幸福感、安全感更加充实、更有保障、更可持续"。可见，中国共产党非常重视国民物质需求和精神需求建设，不断推进社会改革以满足人民日益增长的美好生活需求。共同富裕是我国社会主义制度的本质体现，党通过政治建设、经济手段、文化塑造，不断促进社会结构治理现代化，让人民群众在感受经济快速发展的同时，也能接受经济科技发展带来的成果共享。在人民群众接受党的物质、经济、文化等各方面的普惠的基础上，也会伴随着社会关系模式的变革。因此，基于我国国情的现状与普惠推进，我国大学生在人际获得感方面也同样得到整体水平的提升。然而，即使大学生人际获得感水平有了较大的进步，其整体水平仍需要进一步加强和提升。从研究结果来看，大学生人际获得感均值水平或单个项目的平均值仅略高于理论分布的平均水平。可见，大学生人际获得感指数仍有较大的提升空间。尤其是在大学生人际获得感三维结构即人际获得意识、人际获得能力、人际获得行为中，要进一步加强有针对性、实效性的理论教育和实践整合研究。

从人际获得感三大构成来看，研究表明大学生人际获得感的三维结构的得分从高到低依次为人际获得意识（62.009 ± 6.284）、人际获得能力（34.152 ± 5.375）、人际获得行为（31.988 ± 4.900），而被试在三大模块上单个项目的均值得分人际获得能力 > 人际获得行为 > 人际获得意识，其单个项目均值都 > 3。研究结果显示，三维结构在教育供给和发展中存在不平衡性，尤其是人际获得

意识得分最低。导致三大模块均值得分递减关系的原因主要包括以下三个方面：第一，大学生人际获得能力得分最高与传统的家庭教育、学校教育、社会教育密切相关。人际获得知识与人际获得技巧两因子往往可以从理论实践、教育摄取中直接获得。因此，这两方面的知识理论是停留在主体的认知层面，便于主体获取。第二，人际获得意识包括了关注、重要、依赖、自我延伸等多个维度，大学生人际获得意识较低可能与我们对自我信息所关注或聚焦的内容有偏差存在联系。从情绪情感角度而言，人们往往对人际交往中的自我负面信息所形成的心理感受要比人际关系导向的积极情绪体会所产生的情绪情感会更加深刻。因此，大学生人际获得意识在三维结构量表得分上处于偏下水平也有其之缘由。第三，从人际获得感三维结构量表得分序列来看，冰山理论可以很好地反映出它们之间的内在关联。人际获得能力犹如冰山一角，人际获得意识却是冰山主体。人际获得能力往往是可以通过学习外显知识而获得，而人际获得意识是看不见、摸不着的，较难于精准地把握和增强。因此，人际获得能力的总得分要远高于人际获得意识的量表得分，是有道理可循的。由此可见，基于人际获得意识薄弱的现状、人际获得能力的不足以及人际获得意志的弱化，在高等教育中要立足于以人为本、立德树人的教育理念，不断推进高等教育人才培养工程向人文化、现代化方向发展。

从人际获得感三维结构具体表现来看，在人际获得意识分维度上，大学生在重要、依赖、自我延伸维度上的单个项目均值 >3，而在关注子维度上的得分最低，且单个项目均值 <3；在人际获得能力分维度上，大学生在知识、技能两个因素上的单个项目均值都 >3，而在人际获得技能因素上其得分最低；在分量表人际获得行为上，大学生在意向上的单个项目均值 >3，而在动机因子上其单个项目均值 <3，且两个要素均值得分都较低。这反映了大学生人际获得感是不一样的，是有层次差别的（见表 6-2）。研究结果表明，在人际获得感三大模块具体表现上，尤其是人际获得意识关注因子、人际获得能力技能方面、人际获得行为动机和意向维度都表现出不同程度上的缺失和不足。导致这些因素得分较低的原因机制主要表现在三个方面的内容：其一，人际获得意识之关注因子得分较低，可能与主体所处的校园环境带来的管理模式转变有密

切联系。大学生和中学生在学业任务、发展目标、人际关系等方面都发生了巨大的变化，大学校园文化、管理模式都为大学生创造了良好的成长环境，但正因为主体意识增强，而外部环境对主体关注的资源有限，所以导致大学生在心理体会上会觉得外部环境（尤其是学校教育者）对自我关注投入度不高。其二，虽然主体在人际获得能力知识获取方面有较好的成绩，但是在人际沟通技巧方面仍存在不足。这可能与我国传统教育模式具有本质的联系，传统教育更加注重学生对知识的获取能力，而对学生知识应用或者理论联系实践能力的培育欠佳。其三，人际获得行为模块中的动机、意向两因素在量表得分上较低，可能与大学生人际获得意识薄弱、人际获得能力不足两大模块得分较低有关。研究表明，人际获得意识、人际获得能力是协调促进人际获得行为的前因后果。因此，如果大学生人际获得意识和人际获得能力在量表得分上较低的话，那么相应地也会导致主体在人际获得行为量表得分上趋于低分化。

二、 大学生人际获得意识薄弱

基于大学生人际获得感现状调查，大学生人际获得意识模块从总体上来看其意识较为薄弱，即在认知收获层面上，主体对人际互动消极信息摄取偏多，而对积极人际互动信息回忆偏少。大学生人际获得意识薄弱主要集中体现在性别、学生干部类型、学历层次、家庭类型、家庭经济水平等群体特征的差异上。

第一，大学生人际获得意识性别特征。从大学生人际获得意识性别变量统计检验结果来看，男女在人际获得意识变量上存在差异。总体上来看，女生的人际获得感总分显著高于男生（$P < 0.05$）。其中，人际获得意识分维度关注、重要、自我延伸三个因子在总分上存在显著性差异，且关注因子男生要高于女生（$P < 0.01$）、重要因子女生要高于男生（$P < 0.001$）、自我延伸因子女生要高于男生（$P < 0.05$）。一方面，这与 Anke（2008）和 Perry 等人（2009）对性别生理学因素的研究基本一致。这种差异性主要源于两性的生活成长背景和地理特征、两性对事物的态度和生理性导致的人格因素、两性的社会文化地位

和相关经历（Perry，Przybysz，Al－Sheikh，2009）。另一方面，社会发展因素与改革开放30多年来，传统的"重男轻女"的思想已有所改变相关联。20世纪60年代在全美掀起的妇女解放运动，使美国女性争取到了更多的平等权利，赋予女性以与男子平等的地位，以及选择自己生活方式的自由。在这样的国际社会背景下，女性逐渐拥有更多的社会支持（Taylor et al.，2001），加之女性拥有丰富的社交技巧（Marshall，2001），使得她们比男性体验到更高的人际获得感。可见，男生和女生在人际获得意识变量上相比较而言，男生处于劣势，除了关注维度比女生要积极健康，其他因子在性别特征上都处于弱势地位。

为了考察大学生人际获得意识在性别变量上存在差异的现象学研究，本研究选取了31位大学生被试作为质性研究的对象。研究表明：有近70%的男性大学生在人际获得意识方面存在薄弱感现象，尤其对重要、依赖、自我延伸三个因素的态度表现明显要比女性大学生更加消极。例如，编号为6、12、25、31等男性大学生，在访谈了解到关于"你觉得大学生活在人际交往方面收获最多的有哪些方面？请详细描述具体事件类型。尤其是在你遇到困难或问题求助时，你觉得是否有人会愿意主动过来帮助于您？或者当他人遇到困难心情糟糕时，你觉得别人会需要你的帮助吗？"等这类问题时，他们都表示"在人际交往收获方面很少，总是认为宿舍室友和他们合不来，觉得每个人都很有个性，没必要委屈自己和他们友好相处。当每个人遇到困难或者问题时，也总认为别人不会好心帮你。当别人遇到困难时，相信他人也不需要自己帮助，每个人都能处理好自己的事情"。可见，质性研究在某种程度上也折射出当代大学生人际获得感内部结构存在的问题，人际交往冷漠是导致大学生人际获得意识淡薄的重要原因。

第二，大学生人际获得意识学生干部特征。从大学生人际获得意识分量表调查结果表明，大学生人际获得意识及其维度在学生干部变量上都表现出统计学意义，且具有学生干部身份的大学生在其人际获得意识及其维度得分上要显著高于非学生干部身份的大学生。导致这一结果的原因可能与群体社会分层具有本质的关联，社会分层是指一个社会成员或社会群体从一种较低的社会地位、社会阶级或阶层向另外一个较高的社会地位、社会阶级或阶层流动的过程。社会分层本质上是社会流动发展的结果，是社会结构自我调节的机制之一。具有学生干部身份的大学生，在某种程度上兼任了多种社会角色。既有学生本来的先赋角色，也有社会期望、个人努力协同获得的自致角色。学生干部是高校辅导员、班主任或教师能够顺利完成各项教育教学、日常事务管理的主力军，与非学生干部身份的大学生相比较而言，其群体具有较高的社会威望或社会期望即具有学生干部身份的大学生在人际交往结构上具有重要的人际优势。该群体深受社会期望的影响，工作任务的导向，其人际交往的范围或领域也逐渐扩大，从而影响到外部环境对该群体的高度关注。基于该群体接收社会资源辐射的影响，其重要感、依赖感以及自我延伸认同感也会伴随着身份的认同而获得较高的人际获得感。相反，非学生干部身份的大学生，由于社会流动和社会分层的限制，其获得的社会资源也非常有限。因此，非学生干部的大学生在人际获得意识（关注感、重要感、依赖感、自我延伸认同感）方面要比具有学生干部身份的大学生得分低，这也是造成当代大部分大学生群体人际获得感水平偏低的重要原因。

质性研究表明，具有学生干部身份的大学生在谈到关于人际获得感意识层面的内容时，与非学生干部身份的大学生相比而言，其观点和态度要更加地积极、乐观。在对编号12（女，大专学历，职务：学生会主席）的深度访谈中了解到："人际获得感就是个人结合自我人际交往的经验而体会到的一种较为复杂的人际幸福感、人际满意度等心理感受。人际获得感越多，个体心理健康程度应该就会越好。联系自己的个人成长经历，我觉得我的人际获得感还是蛮高的。通过我个人的努力，我成功竞选上了分院的学生会主席，我感到无比的自豪。个人觉得竞选成功是离不开同学、朋友、老师的大力支持和前期老师、同学对我工作、人格等方面的关注、考察和认可；在负责学生工作和举办团体活动的过程中，我很努力，有时工作处理不好会有失败感，有时会因学生活动组织得很好而觉得很有成就感。当我在工作中遇到困难时，我会主动寻求老师帮我指点迷津，便收获了很多为人处事的道理；当我在组织一次重大学生活动并取得了很好的效果时，无论是同学、工作关系的朋友，还是老师，我都会觉得他们是发自内心地表示因我工作努力获得的成功而感到快乐和欣赏。"同理，对编号20（男，大专，政治身份：群众）无学生干部职务的大学生深度访谈了解到："我平时不太喜欢和同学打交道，觉得和他们相处都一般，没有特别好的朋友。同时，我也觉得和他们相处比较累，大家互不干涉、互不关心，各自独立生活也蛮好的。"可见，通过对这两类群体的质性比较研究，验证了这两类群体在人际获得意识模块上存在意识薄弱现象是有理可循的。

第三，大学生人际获得意识学历特征。大学生人际获得意识在学历变量上存在显著性差异，经多重比较检验发现，学历层次较高的大学生其人际获得意识及其维度表现上的得分要比学历层次较低的大学生低。也就是说，在学历变量上，学历低的大学生要比学历高的大学生在人际领域认知层面上彰显更加积极、乐观。相反，学历层次高的大学生，尤其是研究生人际获得感水平较低。这可能与知识文化层次对人的心理异化程度有着密切的联系。有学者研究表明，在现实生活中，知识文化层次高的人，往往很少会去关注那些日常之事。高学历的大学生由于过度地关注自我内心世界，而较少关注外在客观事物或环境对自我的影响，所以在心理感知上对他人的关注感、重要感、依赖感等外在场域具有较少的信息摄取，这也是高学历大学生在人际获得意识层面上得分较低的重要原因。而专科大学生因求知欲望不够强烈，在生活学习中更加注重对外部环境的关注，通过人际交往等方式，以获得社会支持来不断增强自我意识感。可见，该群体在关注感、重要感、依赖感、自我延伸认同感方面要显著高于学历高的大学生。

通过对编号为01、05、17的女性专科大学生进行质性研究发现："大学生活得非常有意思，尤其是宿舍的室友以及班级的要好同学，有时间我们就出去嗨，彼此相处得很好。""当大家有什么不开心的事情，我们都会坦诚交流，相互帮助，帮助好友一起走出心理痛苦的阴影！"对一位编号13的男性研究生质性研究了解到："我现在感觉没有什么人际获得感，天天忙于给导师做实验，和外面的人交往很少。现在研究生科研压力很大，面对导师的严管问责，有时会有很强烈的焦虑感。经常独处，面对科研压力，感觉人生很没意思，自己也没什么价值。"由此可见，主体所处的人际情境而产生的人际情绪情感和感性认知的反应会因学历结构的变化而发生显著性差异。高学历大学生群体在人际获得意识上甚是堪忧，并且人际获得感缺失已直接影响到该群体的心理健康水平。

第四，大学生人际获得意识家庭类型特征。通过对大学生人际获得感的家庭类型差异进行方差分析（见表6-8），从总体上看，不同的家庭类型在人际获得感量表总得分上存在显著性差异（$P < 0.05$），且家庭完整、单亲家庭的大学生在总量表得分上要显著高于孤儿家庭类型的大学生。导致这一研究结果可能与主体在成长过程中接受家庭资源尤其是重要他人对自我心理投入的程度有关。整体而言，家庭功能越完善的教养结构，其主体的心理卫生水平就会越高。联系本研究结果可知，家庭功能完善的大学生无论是家庭成长的环境，还是父母教养的方式，对个体人际获得意识都会产生积极的影响。相反，家庭功能受损，成长经历过程中接收的家庭心理支持资源偏少，心理创伤事件偏多，便不利于大学生人际获得感的养成。研究进一步发现，人际获得意识分量表中的因子关注、信赖两个变量其家庭类型为孤儿的大学生在量表得分上要显著高于非孤儿类型家庭的大学生，而因子重要维度结果显示家庭完整、单亲家庭的大学生在总量表得分上要显著高于孤儿家庭类型的大学生。导致孤儿家庭大学生在关注子因素上得分较高这一研究结果，可能与我国对孤儿家庭大学生的教育倾斜政策具有内在的关联。近年来，我国对大学生弱势群体从政策上给予了高度重视。尤其是对孤儿、单亲家庭的大学生，高校引起积极关注，并在经济上予以扶持，在心理健康教育和咨询上加以伦理关怀和心理疏导。然而，在重要子维度上，孤儿家庭的大学生却劣势于完整家庭、单亲家庭的大学生，这与原生家庭教育及其家庭遭受重大变故所导致的心理创伤性日常事件累积量有关。孤儿家庭有它的独特的家庭环境和教养模式，在童年成长的关键期，若家庭发生重大的变故，对主体成长及其成人人格的形成会产生重大的影响。孤儿大学生在人际建立和发展中，因家庭教育资源的贫乏，而导致孤儿大学生逐渐形成对人际敏感多疑的个性特征。所以，非完整家庭的大学生在重要程度上的得分要显著低于完整家庭的大学生，其缘由不言而喻。

为了验证问卷调查研究结果的科学性、合理性，对编号29的男性孤儿大学生进行了质性研究。在访谈中，该生表示："我在10岁的时候，家里突然发生了重大变故。父母开车出差，不幸发生交通事故，父母过世。由于当时还小，发生这件事以后，我非常痛苦，特别想念自己的父母。后来，就在我大伯家寄住成长、成人。在大伯家成长的日子里，生活很苦，什么活儿都做，感觉很难过。大婶不喜欢我，总是对我责骂，说我做事不麻利。所以，我每天都想着快点长大，离开这个家。但是我也知道想要过上好日子，出人头地，只有考上大学，才能实现自己美好的梦想。幸运的是，我考上了这所大学，通过助学贷款、勤工俭学、在外兼职等多种方式实现了我的大学梦。来到大学之后，学校了解了我的特殊情况，班主任也给了我很多的照顾。虽然班级同学、老师对我的生活给予了积极关注，但是总感觉他们对我有一种说不出来的疏远感，有时与他们相处时心理也很矛盾，总感觉他们不理解我，自己也会萌发出强烈的自卑感。"由此可见，通过对这位孤儿大学生的深度访谈，可以了解到该生在物质需求上，虽然外部环境给予了充分的关注和满足，但是在心理上尤其是人际交往上仍然存在着很多的问题。

第五，大学生人际获得意识家庭经济水平特征。对大学生人际获得感的家庭经济状况差异进行方差分析（见表6－9），从总体上来看，大学生人际获得感在家庭经济状况上存在显著性差异（$P < 0.001$），且家庭经济良好的大学生在人际获得感量表得分上要显著高于其他家庭经济水平类型的大学生。导致这一研究结果与基于家庭经济水平导向的成长经历所带来的个体被看重感状况有着密切相关。有学者研究表明，家庭经济水平良好的个体，在此成长过程中其人际获得感水平也会得到相应的提高。可见，与家庭经济水平较差的大学生群体相比较而言，长期生活在经济条件良好的家庭中的个体，其人际交往水平、性格特征、人格成熟度等心理特征都具有较好的发展优势。而家庭经济条件落后的大学生，无论是社会资源或者父母等重要他人对个体积极投入和关注的程度，还是家庭或父母对个体教改养成、榜样示范等力量的引导发挥，都处于劣势的发展环境中。因此，大学生人际获得意识变量在总体上存在显著性差异，且家庭经济水平落后的大学生人际获得意识较为薄弱。研究进一步发现，除了关注因子家庭一般困难和特别困难的大学生在得分上显著高于经济富裕、经济良好的大学生之外，其他人际获得意识子维度都表现为家庭经济良好的大学生

其得分显著高于其他家庭经济状况的大学生。这一研究结果表明，我国教育脱贫政策对家庭经济困难的大学生在人际获得感提升上发挥了重要的积极导向。2020 年我国全面实现脱贫工作，这一伟大工程不仅对经济发展有助力，而且在教育脱贫攻坚上也同样发挥了积极作用。在党和国家积极政策的号召下，伴随学校、国家各类奖助贷补免工作的深入推进，高校对家庭经济困难的大学生通过各种形式加以重视，并以多样化资助形式达到物质和精神双赢脱贫之目的。因此，这也充分说明了"家庭经济困难的大学生在人际获得意识模块关注子维度上显著高于家庭经济良好的大学生"这一结果的合理性。虽然高校在物质上对家庭经济落后的大学生给予了积极关注，但是在心理层面上的重要感、信赖感、自我延伸认同感等变量上仍存在精神脱贫的问题。

在质性研究过程中，对编号 19 的女性家庭经济困难大学生深入访谈了解到："我来自甘肃省，家庭非常的困难，爸爸是普通农民，务农，身体有点残疾。而妈妈一直患有心理障碍，几乎不能挣钱补贴家用。来到学校之后，我第一时间咨询了班主任，并提交了一份家庭经济困难学生认定的申请，希望通过获得国家助学金、校助学金等资助来完成我的学业。但是当我获得了贫困生认定之后，感觉周围的同学都用异样的眼光看着我。我想是不是我的室友们有点看不起我，嫌弃我家里很穷。她们给我的感觉在疏远我，心理十分难过，也不想让别人感觉到我的不适。"可见，这个案例也充分反映了家庭经济条件落后的大学生在重要感、信赖感上确实是缺失的，并且该群体人际获得意识弱化已威胁到家庭经济困难大学生的心理健康成长。

三、 大学生人际获得能力不足

基于大学生人际获得感现状调查，从总体上来看大学生人际获得能力模块，主要集中体现在人际获得能力即重人际获得知识、轻人际获得技能发展不平衡。研究表明，大学生人际获得能力在性别、社会角色、学生干部、学历层次、家庭类型、家庭经济水平等群体特征上存在统计学显著性差异。

第一，大学生人际获得能力性别特征。对大学生人际获得感现状调研，其人际获得能力分量表总分显示男女性别存在显著性差异，且女性大学生在其得分上要显著高于男性大学生。导致这一结果的缘由与女性逐渐拥有更多的社会支持（Taylor et al.，2001）和丰富的社交技巧（Marshall，2001）有关，使得她们比男性体验到更高的人际获得感。基于日常生活的观察学习研究，与女性相比较而言，男性在人际交往、语言表达力、自我展示表现力以及社会沟通能力等方面都处于较弱的地位或是劣势。因此，在人际获得感体验上，拥有较强的人际获得能力将会对整体人际满意度、主观幸福感发挥积极的作用。质性研究同样表明，男性大学生在人际获得能力上处于较弱地位。对 31 位大学生中的16 位男性大学生进行深度访谈，结果显示有 66.7% 的男生均表示人际沟通欠佳。其中，一位编码 21 的男生表示："我和大家在交流时，有时比较被动，不知道该和大家说些什么。有时为了缓和气氛，会调侃几句，但是周围的同学并没有给出什么积极的回应，所以也令我十分尴尬。有时候，在和班里同学进行交流时，他们在说些什么话题，有时我无法抓住重点，也容易走神。"可见，男生在人际交往、人际沟通、人际理解力、人际表达力等方面有待进一步加强。同时，质性研究还进一步发现，无论是男生还是女生，在面对人际紧急困境之时，以问题解决为导向的大学生都表现出一种束手无策的状态。例如：一位编号 30 的男性大学生在谈到"当自己在马路上遇到老人因心脏病复发而跌倒时，自己该怎么办？以及自己的做法带来的心理体会又是什么样的内容？"这一问题，该大学生表示："若真的遇到此情景，我会有一种束手无策之感。因为我不知道这个老人摔倒是因为什么，又怕惹事上身。另外，即使我想帮助他，但是我也不会紧急状态下基本的急救技能。若真因为我本人在场，却没有及时伸手援助，而导致老人有什么生命危险，我会因此感到十分的难过和自责。"因此，通过个案研究，可以了解到我国大学生在急救能力素养上仍存在严重的缺失现象。大学生在面对紧急救援的情境下，因缺乏急救知识与能力而导致责任分散的心理状态，已影响到我国大学生人际获得感的形成。

第二，大学生人际获得能力社会角色特征。社会角色变量在大学生人际获得感及其结构中的统计学检验特征显示，已毕业的大学生群体在人际获得感及人际获得能力分维度量表得分上都要显著高于在校大学生。导致这一结果，其原因与人际交往环境的变迁及其能力的提升有着重要的内在关联。与已毕业的大学生相比较而言，在校大学生由于人际情境、社会阅历有限，其人际交往能力得到锻炼的机会也相应缺乏。在校大学生首要角色是学生，学生年代无论是在生活上还是为人处事上，与社会青年相比都具有单纯、简单的心理特点。正因为如此，在校大学生社会性交往动机偏低，人际需要不像已毕业大学生那样具有强烈的进取意识和功利倾向。因此，两类群体基于社会角色交往动机的异同而导致的人际获得感心理也必然形成不一样的心理反应。质性研究也同样验证了作为学生，其人际获得能力存在消极的应对方式。一位编号 01 的男性本科生，在对其进行的人际获得感心理体会质性访谈中，表示："在班级同学眼里，我是一位内向的人，不愿意和人交往的人。其实，我觉得在我的生活中学习是最重要的，身为学生首要任务是搞好学习，人际交往并不是我大学生活的主旋律。我的梦想是再考取一个名牌大学读研究生，人际关系的建立和维持太耗费我个人的时间。我觉得以后走向工作岗位，人际交往能力会因我的学识自然而然地会得到大家的认可和满意。同时，我个人也觉得与人交往很累，想着怎么去讨好别人，并没有我一个人活得自在、舒服。"可见，在校大学生由于过于注重社会角色的定位和目标，而忽略了社会角色定位人际能力的培养和提升，这将对大学生就业求职以及迈向社会产生消极的影响。

第三，大学生人际获得能力学生干部特征。通过对大学生人际获得感在学生干部类别变量上的统计学检验，研究结果显示大学生人际获得感、人际获得能力模块及其具体表现在学生干部变量上具有统计学意义，且具有学生干部身份的大学生在人际获得感及其能力分量表上的得分显著高于非学生干部身份的大学生。这一研究结果显示非学生干部身份的大学生在人际获得能力上存在不足，能力提升具有很大的空间。社会角色理论可以很好地解释引起这一现象的原因，角色期待是主体进行社会化的重要心理机制，主体会根据社会角色的性质和特征，进行自律性调整以达到社会角色的理想标准。联系高校学生干部的社会角色，学生干部无论是在学习上，还是在生活、工作上，都要严以自律，以身作则，以党员标准严格要求自己，服务同学，在社会实践中积极发扬先锋模范作用。因此，具有学生干部身份的大学生在社会人际资源获取、人际能力锻炼机会等方面要远远高于非学生干部身份的大学生。质性研究表明，具有学生干部身份的大学生在人际获得感心理体验上确实要比非学生干部身份的大学生态度更加积极乐观。对编号 04 的专科年级男性辅导员学生助理身份的大学生深度访谈了解到，该生表示"我担任新生年级辅导员学生助理一职已有近一年。当初竞聘这个岗位，我犹豫了很久，心理上很不自信，担心自己没有能力去做好这项工作。辅导员在找我谈话时，老师说：'我很欣赏你做事本分踏实的那股劲，能力是可以慢慢培养的。'听完这句话之后，我觉得辅导员老师给了我足够的信心和勇气，我相信自己能够胜任这个岗位。一年来，我最深刻的体会是我的工作能力有了很大的提升，尤其是人际交往能力、人际协调能力、自我表现力等都有了很大的提高。同学们十分欣赏我、信任我，遇到什么问题，都会积极主动地来咨询我。同时，我也成就感满满。通过锻炼，我发现自己有了很大变化。说起话来，我也敢于表达了，自信满满。"可见，学生干部身份的定位，对主体人际获得能力的提升具有重要的实践意义。

第四，大学生人际获得能力学历特征。大学生人际获得感调研报告显示，大学生人际获得能力在学历变量上存在显著性差异，且学历较高的大学生群体其得分显著高于学历较低的大学生，导致这一结果的原因可能源自主体知识结构不同。一般而言，文化知识层次越高的群体，对理论与实践的把握会更加全面扎实。具有研究生学历的大学生，无论是在人际交往上的理论知识，还是在社会实践技巧方面，都要比学历较低的大学生更胜一筹。然而，从人际获得感总体得分来看，人际获得能力较强的研究生，在人际获得感总体得分上却并没有表现出很大的优势，反而结果呈现出不乐观的趋势。造成这一矛盾的研究结果，可能由人际获得意识变量存在交互性作用，抑或因学历较高的研究生人格特点决定了该群体在人际获得情境中没有足够的社会性动机所致。基于开放性问题调查"你在高校教育阶段，是否从事过社会急救能力相关的培训或者红十字会救援行动的教育培训？具体实践过几次？"通过对 31 位大学生质性研究，结果表明，大专院校的学生表示学校对社会急救能力相关知识技能的培训很少，而具有研究生学历的大学生群体对此表示曾经受过这方面的急救能力专业教育和培训数次，并获得了相关结业证书，甚至部分研究生还表示曾经在成长的过程中有过现场人工呼吸的急救经历。由此可见，学历较高的大学生群体无论是从教育背景上，还是实战经历上，都要比学历较低的大学生群体在人际获得能力上占有优势。

第五，大学生人际获得能力家庭状况特征。对大学生人际获得感在家庭状况变量上的方差分析，从总体上看，大学生人际获得能力在家庭类型量表得分上存在显著性差异，而在家庭经济水平变量上不存在统计学意义；从具体维度上看，大学生人际获得能力无论是在家庭类型变量上，还是在家庭经济水平特征上都存在显著性差异，且家庭类型完整或家庭经济水平良好的大学生在知识、技能维度上显著高于非完整家庭类型或非家庭经济水平良好的大学生。基于以上调研结果，导致其质变的原因可能与家庭父母关系及其父母教养方式有着内在的关联。无论是家庭经济水平良好的主体，还是完整家庭给个体成长带来的积极正面影响，其民主型的家庭教养方式和父母的以身作则所发挥的榜样力量对主体人际观察学习所建构起来的人际交往原则具有重要的实践指导意义。例如，家庭结构完整的主体，在和谐友善的家庭环境成长下，其主体通过对父母积极关系的维持和可持续发展进行观察学习，从而在耳濡目染的环境下提高了自我人际交往的能力。同理，家庭经济水平良好的大学生，在其成长过程中家庭可以最大限度地满足个体适度的物质需要和心理需要，因而在日常人际交往过程中具有较强的表现力和自信特质。相反，童年期成长在家庭功能不完整、经济条件差的环境下的大学生，因原生家庭存在的人际关系构建问题，促使主体在童年成长过程中缺乏正面积极的人际榜样观察学习，进而导致主体会形成较多的人际交往心理问题，甚至会诱发人际交往障碍。质性研究也同样验证了这一结论的合理性，对编号28的女性大学生深度访谈了解到"我来自甘肃较为偏远的农村地区，父母在我很小的时候就离婚了，妈妈改嫁，随后我跟随爸爸一起生活。爸爸常年身体不好，主要以务农为主，收入微薄。到了大学，我积极申请了家庭经济困难学生的认定，成为班级唯一一名特困生。平时我不爱说话，和宿舍室友相处得一般，感觉她们都不怎么喜欢我，有点看不起我似的那种感觉。在班级同学面前，我很胆怯，没有勇气与她们大胆地交往沟通，心理感觉十分地自卑。平日里，我和同学们交往的时间不多，经常一个人去图书馆看书学习。有时会觉得很孤单，没有人愿意和我交流，听我诉说心里的故事。"可见，家庭不完整、家庭经济困难的大学生，其成长经历已逐渐威胁到该群体心理健康状态。

四、 大学生人际获得意志弱化

基于大学生人际获得感现状调查，从总体上来看大学生人际获得行为模块，主要集中体现在人际获得行为表现缺乏主动性、积极性，在具体变量上显示人际获得动机功利、人际获得意志弱化。研究表明，大学生人际获得能力在性别、社会角色、学生干部、学历层次、家庭类型、家庭经济水平等群体特征上存在统计学显著性差异。

第一，大学生人际获得动机功利。从总体上来看，大学生人际获得动机处于中等偏下水平，说明大学生人际获得动机趋于淡薄、功利的特征显著增强。然而，在具体维度上，具有学生干部身份的大学生其动机水平要显著高于非学生干部的大学生。导致这一研究结果的原因主要和大学生对人际交往的功能和意义认识不够深刻有着本质的联系。大学生是一个比较特殊的群体，虽然在生理上已达到成人的特征，但是在心理上仍然是处于心智未成熟的状态。根据社会角色理论与实践认知，可以了解到角色是引导主体心理状态和行为方向的重要心理机制。大学生的首要角色是学生，而学生的首要任务是学习。基于学生角色身份而建立起来的自我意识，对自我人际关系建立与发展这一目标意识，其重要感或地位感显得并不够强烈。因此，与中学发展目标相比较而言，虽然大学生把人际关系建立与发展目标逐渐提上人生发展的重要议程，但是其价值和地位在个体发展投入方面并没有凸显出来。也就是说，当主体遇到人际交往问题，其行为更多是以自我利益为中心，而非建构以问题解决、人际发展为导向的人际关系模式。正如在人际获得行为变量上的具体表现研究结果，也基本上验证了这一心理机制的合理性即学生干部身份的大学生其动机水平要显著高于非学生干部的大学生。学生干部身份的大学生在社会角色引导机制上，不仅体现了学生角色的学业目标具有重要的人生意义，而且在社会角色及其功能

（人际建立与发展目标）上，也同样认为其对自我内涵的提升具有重要的价值。可见，大学生人际获得动机整体偏低现象，也反映了高校思政教育与实践对增强大学生全面发展的意识还不够具体、有力。

质性研究进一步验证了问卷调查结果的合理性，编号为 26 的男性、无职务、班级成绩较为中等偏下的大学生表示："关于人际获得感，我觉得没有什么特别可以获得的，或是让我印象深刻的。我这个人不太喜欢和人打交道，一来和人相处感觉很累，二来人性较为狡诈，有利可图就会和你交往相处，没有价值可言，别人就不会和你交往，所以人际交往的一切基础都是利益。""我在班里有一位较好的朋友，也是较好的宿舍室友。由于我们宿舍有一位室友打呼噜声非常大，而导致宿舍其他室友都不能很好地入睡。因为这件事情，我的好友在没有与我打招呼的情况下突然私下搬离了宿舍。对此，我非常生气。后来，班主任介入调查并出面调停此事，准备将打呼噜声音大的同学调整到另外一个独立宿舍，让原来的好友再回到本宿舍。当时我非常不同意这种做法，我不仅需要让我的那位好友回来，而且打呼噜的同学也不准搬离宿舍，我要让大家共同承受这种环境。当然，这个好友不可能再回到从前，他背叛了我。"由此可见，当代大学生在人际关系建立、可持续发展理念上，表现出过于非理性、情绪化特点较为严重。尤其是在"如何修复人际关系对自我人际关系健康发展具有重要的意义"这一命题论断，仍处于意识不强的心理发展阶段。

第二，大学生人际获得意向弱化。大学生人际获得感问卷调查结果显示，大学生人际获得行为在学生干部类型、学历结构、家庭类型等自变量上存在显著性差异。同时，在人际获得行为具体表现即人际获得意向上，人口学变量学历、家庭状况在量表得分上存在统计学意义，且低学历的大学生在人际获得意向得分上要显著高于高学历的大学生，家庭状况完整、经济条件良好的大学生要显著高于非完整、经济条件困难的大学生。引起这一结果的原因可能与主体知识文化层次、家庭环境变化导向的童年成长经历等外部环境因素所带来的个体心理关注点不同所致。具有研究生学历的大学生往往更加注重对内在心灵世界的思考和反省，而具有较低学历的专科生由于学业压力较小，探索自我世界的空间有限，因而更加锁定对外部世界的关注。通过对外部世界的探索和反馈，积极建构内部与外部世界之间的联系，并以外部社会支持力量来不断加强对自我意识系统的构建和自我价值的认同。同理，家庭完整、经济条件良好的大学生在人际支持系统方面要比非完整家庭、家庭经济条件落后的大学生更加具有优势。基于良好和谐的家庭环境氛围，其人际交往榜样示范效应对主体人际交往动机和意志会产生积极的作用和深远的影响。而具有非完整家庭且家庭经济条件较差的大学生，不仅家庭中的重要他人未能给主体在人际交往上做出表率，而且在童年成长过程中所累积的心理创伤事件，已足够让该群体心理伤痕累累，正如学者所言："一个经常遭受心灵创伤且内心不幸福的人，怎么能将积极的阳光辐射给有需要的人呢？"

质性研究进一步验证了问卷调查结果的合理性，编号为 01 的一位单亲家庭经济困难的男性研究生表示："我觉得任何人都不可靠，唯独自己是最可以信赖的人。我不太喜欢群居的生活，我比较喜欢独处。当我和别人交流时，是我喜欢的人，或者价值观比较接近的人，我就会和他多交流；当我和别人不太熟悉时，我很少和他人进行交流，也不知道和他人该说些什么，可能在群体中会给别人一种格格不入的性格特征。当处于这种人际情境时，我会感觉很尴尬，也较难以入群。不过对于我个人而言，我也无所谓。有时觉得人际交往并不是那么的重要，我个人觉得状态蛮好的就好，我是这样想的。"从这个案例可以看出，编号 01 的研究生在人际关系上是处于被动的状态，总体上认为自我感觉良好，其实人际获得意向并不强烈。

第三节　大学生人际获得感的成因分析

对大学生人际获得感的现状调查，探析大学生人际获得感在人口学变量上的特征表现，发现大学生人际获得感存在的主要问题，在此基础之上以马克思主义理论为指导，基于积极教育视野下对大学生人际获得感成因做出深刻分析，为建构大学生人际获得感的提升路径研究指明方向。导致大学生人际获得感现状形成的原因主要表现在以下三个方面：主体品格优势的缺失、家庭积极关系的错位、社会积极教育的匮乏。

一、　微观层面：　主体品格优势的缺失

从积极心理学的角度来说，马丁·塞利格曼在《持续的幸福》一书中指出："积极心理学研究的不是幸福（happiness），而是全面的蓬勃人生（well-being 或 flourishing），它有五个支柱——积极情绪、投入、人际关系、意义和成就，而这些支柱的基石，则是品格优势和美德。在蓬勃人生理论里，24 个优势支撑着五个元素，该理论旨在帮助我们运用自身最强的优势获得更多的积极情绪、意义、成就以及发展更好的社会关系。"通过研究各国的文化经典，积极心理学家总结出六种具有普适性的美德，它们是智慧与知识、勇气、仁爱、正义、节制、精神卓越。结合大学生人际获得感的内涵，其结构与品格优势和美德具有本质的联系，主要相关联的因子包括仁爱、节制、超越等方面。其中，仁爱是反映对他人友善和帮助他人的人际品格优势，主要表现在爱、善良、社会智能等方面；节制主要体现为宽恕做错事的人，接纳他人的弱点，给他人第二次机会，不报复等内容；超越是锻造我们同宇宙更广泛的联结和给生命带来意义的品格优势即感恩和希望品质。也就是说，主体人际获得感心理表现集中体现了积极教育理念中品格优势和美德的核心要义。联系大学生人际获得感现状的调查研究，结果表明大学生人际获得感处于中等偏上水平，说明我国大学生品格优势和美德模块仍具有较大的提升空间。但是从数据分析来看，大学生在人际获得意识、人际获得能力、人际获得行为三大模块上存在不平衡性的发展结构，这也充分说明了大学生品格优势和美德在人道、节制、超越上发展不平衡、不充分，存在一定的缺失现象。当主体品格优势和美德愈加趋于优越、臻美的状态，则人际获得意识、能力及其意志愈会表现出一种正向增强的内驱力。反之，其品格优势和美德的缺失，意味着主体人际获得意识薄弱、人际获得能力低下、人际获得意志减退，从而降低主体人际获得感的形成。

从大学生人际获得感三大模块来看，人际获得意识的核心内涵主要集中体现了主体优势品格内在成分的仁爱或人道思想，其要义主要是指主体与别人

（包括陌生人）交往时的积极表现，对他人友善和帮助他人的人际品格。首先，主体人际仁爱品质高尚，其人际获得意识也会相应得到增强。大学生人际获得意识量表得分及其质性研究表明，大学生人际仁爱品格主要集中表现在以个体利益为重，忽视他人需求与自我需求具有同等地位。因此，主体仁爱品格的缺失是导致人际获得意识薄弱的内在原因。其次，人际获得能力在主体优势品格和美德上集中反映了节制品格。这个重要的美德指的是恰当地、适度地表现出你的需求。一个有节制的人并不会压抑自己的动机，但是会等到恰当的时机去满足它，以避免对自己或他人造成伤害。例如：接纳他人的弱点，宽容他人，不做出报复行为，并给他人第二次成长的机会。这些节制品格集中体现了人际获得知识与人际获得技能两因子在人际获得能力维度上的积极作用。通过对大学生人际获得感现状调研发现，大学生在人际获得能力两维度，尤其是人际获得能力得分相对较低。也就是说，大学生节制品质在某种程度上有待进一步加强和提升。最后，基于积极教育导向的人际获得行为，其内部结构却充分表达了主体超越品格的精神状态。超越品格集中体现了主体的感恩行为以及对美好生活的积极探寻，而人际获得行为中的动机和意志，着重强调了主体对他人关系积极建构的主动意愿和感恩行动，充分反映了超越品格内涵中的感恩和希望特质。基于现状调查研究结果显示，人际获得行为及其维度在量表得分上处于中等水平，其中子维度动机得分却处于中等偏下水平。由此可见，大学生超越品格境界不高也是形成主体人际获得感薄弱的重要动机因素。

人际获得感结构模型验证性研究结果显示，人际获得意识和人际获得能力共同对人际获得行为发生促进作用，且人际获得意识与人际获得能力具有高度相关性。即人际获得意识趋于增减状态，则人际获得能力也同样表现为相应的增减驱力。整体而言，基于积极心理导向的人际获得意识、人际获得能力与人际获得行为三大模块有机建构了品格优势和美德之核心内涵。主体品格优势和美德内部结构系统发展的不平衡性、不充分性，是导致大学生人际获得感薄弱的重要心理机制。例：有一位编号为03的男性大专生在访谈中表示："什么室友，什么都赖我，针对我，你们怎么不去想想自己的问题。她（女朋友）也讨厌我，你们也烦我，大家都讨厌我，我活着还有什么意思，我是大家都不待见的人，我不配活着。不要逼我，我现在什么事都不想做。"可见，通过对这位大学生个案研究，发现该生人际获得感非常薄弱，甚至已对自我心理健康和他人心理安全构成了威胁。从访谈内容来看，该生无论是在人际获得意识重要感、信赖感等人道品格上，还是在人际获得能力知识经验和社交技巧等节制品格上，抑或在人际获得行为超越品质上，都表现出一种极为不乐观的心理状态。因此，主体品格优势与美德的缺失是产生大学生人际获得感薄弱的人格原因。

二、 中观层面：家庭积极关系的错位

良好的人际关系是获得意义感较重要的来源之一。在塞利格曼的 PERMA 幸福理论中，R 代表的就是积极关系，它会给幸福带来深刻正面的影响。积极心理学创始人之一克里斯托弗·彼得森曾用两个字来描述积极心理学讲的是什么，即"他人"，他人是我们在人生低潮期的最好和最可靠的良药。许多幸福的人之所以觉得幸福，不是他们未曾经历过沮丧、愤怒、压抑等负面情绪，而是与其他人相比，他们可以更快地从困境中走出来，处理负面情绪的免疫系统更强大。他人之所以有强大的免疫系统，重要原因之一是他们有非常好的人际关系，他们与父母、爱人、兄弟姐妹、朋友等都保持着良好关系。一段积极的关系，需要彼此都有付出的动机且有所行动；一段积极的关系，能使彼此一同成长。在积极关系中，付出是一个有来有往的过程："我付出的同时也感受到了支持，这种人与人之间的联结，让我对自己和这段关系都感觉很好。"回溯人际关系的起源，英国心理学家鲍尔比发现，婴儿对抚养者（主要是父母）的依赖会以不同的模式表现出来，"害怕与父母分离，害怕被父母抛弃"是进化造成的人类天性。而这种婴儿与父母之间的互动模式即依恋关系的类型（安全型依恋、焦虑－矛盾型依恋、回避型依恋）对主体成人后的人格特点和人际关系模式会产生重大的影响。其中，安全型依恋是促进主体健康人格养成和积极关系发展的重要互动模式，而其他两种类型的依恋关系模式对主体积极人际关系的建立与发展会产生阻碍作用。因此，基于家庭层面的视角，主体、父亲、母亲三角关系之间的沟通与互动模式是否良性和积极，决定了主体社会关系的

质量以及人际获得感的水平。

结合大学生人际获得感的现状调查，家庭积极关系的错位是导致大学生人际获得感缺失的重要原因。从大学生人际获得感在人口学变量上的特征分析来看，家庭类型、家庭经济水平、父母文化程度等自变量在人际获得感量表得分上具有统计学意义。也就是说，具有完整家庭、家庭经济条件良好、父母高学历文化程度的大学生在人际获得感及其维度量表得分上要显著高于非完整家庭、家庭经济困难、父母低学历文化程度的大学生。对大学生人际获得感在人口学变量上的回归分析，研究表明，家庭类型、家庭经济水平两个变量对大学生人际获得感具有正向的预测功能（$p < 0.001$）。可见，家庭关系模式对主体人际获得感具有重要的意义。联系社会实践，主体长期生活在非完整家庭环境中，其家庭教养方式和亲密关系氛围上都存在着不良的环境。尤其是父母关系不和睦，矛盾冲突不断，甚至是因长期矛盾升级而导致家庭破裂、解体，在这样不安全的家庭环境下成长起来的个体，会受到很多心理问题的困扰，其中也包括人际关系问题，进而影响个体对人际获得感的积极形成。同理，家庭经济困难的大学生，在其成长历程中也会时常遭受因家庭经济困难而发生父母关系紧张、家庭暴力等亲密关系问题，这将对主体人格健康成长和建立与维护人际关系的能力产生深刻的影响。

质性研究同样验证了家庭积极关系的错位和缺失，在某种程度上造就了主体人格缺陷的形成与人际关系的不良发展。对编号为16的一名男生进行深度访谈了解到：该生自述湖南人，家庭独子，离异家庭，父母做生意。在校学习一般，与宿舍室友关系一般，甚至交往频次很少，总认为他们做什么事情都是针对他，他觉得他们很不友好，十分的讨厌。该生与母亲关系较好，与父亲关系较为紧张。自述时对父亲具有较强的抵触情绪，说父亲是渣男。据深度了解，该生自述父亲脾气暴躁、懒散、专制，并有家庭暴力的倾向。自述在成长的过程中有过父亲经常打骂自己和母亲的经历。对此，访谈者帮其进行了关于家庭关系的梳理与认识，通过对关系认知的调整，促进该生对不良情绪的调节。之后，还与该生探讨了人际交往的基本原则、沟通技巧。该生在谈到与室友曾经的关系时表示："我之前和大家相处得还是蛮好的。记得有一次我在宿舍突然心脏不舒服，当时要不是几位室友帮忙拨打 120 叫救护车，我可能都不知道现在是死是活。原本我还是挺感激他们的，但是现在非常地讨厌他们。"通过对此案例的研究，表明家庭积极关系的缺失对主体人际交往素质、人际获得感形成会产生消极的影响。同时，也反映了该生超越品格尤其是感恩品质的缺失，对个体积极关系的建立与维持产生了消极的影响。

三、宏观层面：社会积极教育的匮乏

基于积极心理学的积极教育，旨在培养学生的积极品格以及创造幸福人生的能力，其不仅关注传统的学业技能，更致力于培育健全的人格品质、情绪管理、人际交往、生活投入、建构意义等核心能力，帮助学生追求一种有价值感、意义感、幸福感的丰盈人生。对大学生人际获得感现状调查及其质性研究，结果表明社会积极教育的匮乏是导致大学生人际获得感薄弱的外部环境原因。从宏观层面来看，社会积极教育主要包括两个方面的内容：学校积极教育模式和社会积极教育氛围，这两个方面的外部环境其积极教育的现状对大学生人际获得感将会产生重要的影响。积极教育的匮乏，将影响主体积极情绪的生成，导致主体负面情绪体验较多，不利于个体人际交往积极行动的表现，从而将影响主体人际获得感的形成；相反，积极教育的丰满，对主体积极情绪的产生、人际获得感的形成具有促进作用。

学校积极教育模式是主体产生人际获得感的教育因素，主要集中体现在积极教育模型中的"六大模块、两大系统"上，其涵盖积极自我、积极情绪、积极关系、积极意义、积极成就以及身心健康调节系统与品格优势培育系统。而积极情绪、积极关系是积极教育模式导向的力促主体人际获得感提升的重要内容。结合中外教育现状，在过去相当长的教育发展史，国内外学者针对传统教育的不足与问题进行了广泛而又深入的研究，但是在教育领域仍时常报道学生学习不快乐、教师职业不幸福、教学相长不显著、校园暴力事件屡屡发生的现象。近年来，有学者研究表明：我国学生幸福感指数在全球排名处于偏低水平，青少年心理健康状况令人担忧，尤其是抑郁已严重影响到学生的心理卫

生，成为全球共同治理的社会问题。另外，青少年因人际品行问题而引起的犯罪等反社会行为也在逐年增加，犯罪年龄向未成年化、小龄化方向发展。纵观传统教育所发生的学习、心理和社会性发展问题，将促使我们试图另辟蹊径，对当下教育观及其模式进行反思与重建。虽然传统教育在某种程度上发挥了教育的功能和人才的培育作用，但是对于实现马克思"人的全面发展观"这一终极教育价值追求则任重而道远。综上，积极教育在我国教育领域仍处于比较匮乏的阶段，这对主体人际获得感的形成将会产生消极的作用。

质性研究表明，分别对编号为07（男、非学生干部身份）和编号为14（男、学生干部身份）的两位大学生进行访谈研究，就如何看待学校教育管理、师生互动等问题，编号为07的学生表示："我是某某班级的普通学生，平时很少能见到我们的班主任、辅导员，几乎一学期只能见上一次面，甚至一次都很难见到。我想他们也不会认识我，更谈不上什么关注，对我有什么重要感和信赖感。在上课期间，感觉任课老师只喜欢那些成绩优异，或是学生干部身份的学生。每次回答问题也是喜欢找那些学生，很少关注我们这些不太积极的学生。记得有几次上大课的时候，课堂纪律不是很好，或者让学生回顾前天内容回答不出来的时候，任课老师就会训斥我们，甚至还会挖苦讽刺我们。"而另外一位编号为14的班干部表示："作为班干部自我感觉压力很大，除了学业要发挥模范作用，还要积极处理班主任、辅导员工作。尤其是作为辅导员学生助理，要经常帮老师们做事。记得有一次辅导员让我筹划一项心理活动，因为我没有做好，惹得辅导员很不高兴，在办公室就挨训了，当时感觉心理特别的委屈、难受。有时候，在班干群咨询老师有关通知中的疑问，老师却给我们的反馈很不及时，甚至有时还不回应处于冷漠的状态。对此，我们很不满意。总之，给辅导员做事，自我感觉受到表扬的次数较少，对我有一种不信任感。当事情做得不够好，受到老师的批评时，心理总会有一种强烈的挫败感。"可见，高校教育管理模式主要是以简单粗暴的方式表达渗透育人的功能，其立德树人的理念与积极教育的实践是相违背、相脱节的。因此，在高校教育理论与实践过程中，既要重视积极教育对大学生立德树人的积极作用，也要注重实践育人在大学生人际获得感能力提升中应发挥的正面功效。

　　另外，社会积极教育氛围对大学生人际获得感具有重要的现实意义。良好的家庭教育氛围以及合理的社会公正信念，对大学生人际获得感内在品质的培养具有重要的意义。相反，则不利于主体优势特质的培育和人际获得感的形成。从社会宏观的心理变量来看，社会公正信念的强弱在某种程度上是导致个体人际获得感强弱的重要心理机制。社会愈加公正、公开、透明，其社会公正感认知模式、情绪情感体验愈加积极、正面。基于社会公正导向的宏观环境，无论是公正信念，还是社会交往，其人际获得感心理体会都会显得更加积极、乐观。但是通过质性研究表明，有55%的大学生在社会公正信念上存在偏差，认为社会存在不公正的因素很多，觉得人际信任存在危机。这一结果与相关学者的研究基本一致，研究表明主体的社会公正信念与人际信任水平具有重要的内在联系。即主体社会公正信念积极乐观，其人际信任程度更加开放、可靠，对提高主体人际获得感水平具有重要的意义。相反，则不利于主体人际满意度的获得和形成。对编号28的男性大学生深度访谈，结果表明："我觉得现在的社会还不是那么的公正，虽然社会主义核心价值观在倡导社会公正，但是事实上在很多地方都存在社会不公的现象。就拿我们现在分院的学生会来说吧，我们学生会即将迎来换届，但是主席都已经在私下有确定人选了。据小道消息，这个学生会主席是另外一位比较资深的辅导员学生助理，是这位辅导员推荐给我们分管团学工作的辅导员老师的。所以，我觉得在这个小小的校园里都存在这么多的社会公正问题，那可想而知，外面的社会涉及社会不公正现象的领域应该有很多。"可见，主体对社会公正的总体看法和价值观念，决定了个体对人性的态度，对人际信任的程度，以及在社会交往过程中收获人际满意度、人际幸福感的强度。

第四节　大学生人际获得感的质性研究

　　人际获得感（Perceived mattering）是指个体对自己在周围人际环境中的重要、收获感知程度，反映了个体对他人生活的影响程度（Elliott et al.，2004，

2005)。对人际获得感研究，国外已取得了一定的研究成效，而国内却正处于对人际获得感研究的探索阶段。关于人际获得感心理结构，大部分学者一致认为包括注意（attention）、重要（importance）、依靠（dependence）、欣赏（appreciation）等四个方面的内容（Rosenberg & McCullough, 1981; Scholossberg, 1989）；人际获得感影响因素主要集中于性别（Marshall, 2002）、经济条件和社会地位（Rosenberg & McCullough, 1981）等人口学变量。而社会学变量则侧重于对被看重感的生成机理、作用意义等的研究，其主要表现在自我概念、自尊（Myers, 2003; Elliott et al., 2004）、抑郁和焦虑（Taylor, 2001）、归属感（France & Finney, 2009）、自我效能感（France & Finney, 2009）、复原力（汪敏慧, 2007）以及主观幸福感和生活满意度（林仪伶, 2007）等情绪与动机变量上的关系研究。人际获得感与诸多积极和消极的心理品质有着显著关联，对个体身心健康有着重要意义。因此，人际获得感的具体表现及其影响因素研究，为本研究访谈取向的框架结构提供了理论建构与指导意义。

新生代农民工（以大学生为例）是我国社会变迁发展进程中所形成的具有中国特色的社会初级群体，该群体的心理卫生状况和社会偏见倾向对个体增强企业社会责任感，维护社会稳定与良性运行，以及助推农民工市民化发展具有重要的现实意义。目前关于新生代农民工（以大学生为例）的研究主要关注其"身份认同""城市适应""城市融入"和"市民化"等宏观问题的探讨，而较少关注这一弱势群体的心理卫生、成长发展等微观层面的研究。尤其在人际获得感研究领域，国内外研究的主要对象基本上来自青少年或学历低下的新生代农民工（非大学生身份），而对具有大学学历的新生代农民工（以下称作"新生代大学生农民工"）群体研究极为有限。本文以质性访谈为研究范式，以观察者、参与者身份为研究工具，涉身于新生代大学生农民工工作环境，真实体会新生代大学生农民工人际获得感的心理生成机制，研究理解其人际获得感指数构建的现象学意义。

一、 研究对象与方法

（一）研究对象

根据对新生代大学生农民工（以大学生为例）概念的研究，本研究抽取20世纪90年代以后出生、30周岁以下，户籍为农村且学历为本科及以下的新生代农民工，主要来自机械制造业和服务行业。分别从无锡某机械制造厂抽取7人、某汽车销售与服务公司抽取6人、某美容美发公司抽取5人，共计18人作为本研究访谈对象。其中男性10人，女性8人，样本平均年龄22.11岁，未婚人数占总比例的77.78%，大部分来自经济欠发达地区。受访者基本信息见表6－11。

表6－11 受访者基本信息（以大学生样本为例）

编号	性别	年龄（岁）	学历	工作年限（年）	职务	人际获得感指数
1	男	18	大专	1	无	中等
2	男	19	大专	1	无	低
3	女	20	大专	2	无	低
4	男	24	大专	3	车间组长	中等
5	女	23	本科	2	工程师	高
6	女	19	大专	2	无	低
7	男	28	本科	6	车间主管	高
8	男	26	本科	4	汽车高级顾问	高
9	男	18	大专	1	无	低
10	女	23	大专	5	领班	高
11	女	24	大专	1	技术员	高

编号	性别	年龄（岁）	学历	工作年限（年）	职务	人际获得感指数
12	女	27	本科	6	车间主管	高
13	男	24	大专	5	车间组长	高
14	男	21	大专	3	无	低
15	女	17	大专	1	无	低
16	男	22	大专	1	无	中等
17	男	25	本科	6	区域经理	高
18	女	20	大专	2	无	低

（二）研究程序

根据对新生代大学生农民工的相关研究，结合新生代大学生农民工这一群体的特点和研究目的，编写了访谈提纲。访谈提纲共有 7 个题目，内容涉及人口学变量、人际获得感概念的理解、人际获得感的作用和意义、人际获得感的影响因素及对企业管理、政府政策的看法及建议等。

研究程序主要如下：首先，从无锡某机械制造厂抽取 10 人、某汽车销售与服务公司抽取 10 人、某美容美发公司抽取 8 人，共计 28 人。经问卷基本调查、公司主管对被试的评价，最后选取 18 位代表性样本工作为本研究的访谈对象。其次，采用自编问卷《人际获得感量表》对 18 位新生代大学生农民工人际获得感状况进行测评。该问卷具有良好的结构效度（$X^2/df = 2.193$，$GFI = 0.925$，$AGFI = 0.906$，$CFI = 0.915$，$RMSEA = 0.044$，$SRMR < 0.0546$），其信效度指数均达到心理测量学标准（Cronbach's α 系数为 0.896，分半信度为 0.749）。另外，结合 18 位新生代大学生农民工通过心理感受报告法对自我人际获得感指数做出区分性心理感受或等级评估，评估等级为五级：很差、较差、一般、较好、很好。最终以心理测验和自我报告法相结合的研究参照方法，确定新生代大学生农民工人际获得感指数的高低。再次，在访谈对象知情

同意的情况下，对 18 位新生代大学生农民工实施深度访谈，每位被试访谈一次，每次 45 分钟左右，并对受访者进行录音。最后，访谈结束之后，对访谈资料进行整理、转换成文稿，按照转录原则、运用 QSR Nvivo－8 对访谈结果进行编码与分析。

二、 访谈结果与分析

（一）新生代大学生农民工人际获得感的表现内容

通过对新生代大学生农民工人际获得感访谈资料的编码与分析，基于人际获得感的理论基础，表 6－12 研究发现新生代大学生农民工人际获得感主要的表现内容有关注、重要、依赖、欣赏四个方面。

关注是指组织单位内部社会环境对新生代大学生农民工个体存在和注意的程度，是被看重感心理机制的基础内容。关注主要集中体现在组织单位里新生代大学生农民工感知自己受关注的程度，表现在知道我的名字、熟悉我的存在。例如 2 号、6 号等被试表示"希望有更多的同事与领导能认识我，知道我叫什么名字"。

重要是指新生代大学生农民工希望自己能融入这个集体，这个集体能够接纳他、认可他、重用他。集中体现在个体心理需求是否获得满足的心理状态，主要表现在尊重需要、理解需要、社会支持需要、认同需要、发展需要等方面。例如：1 号被试表示"当我在工作中遇到困难时，希望有同事或领导来帮助我、安慰我"。18 号被试表示"对我认可与看重与否的关键要看公司是否给我升职加薪"。4 号、16 号被试表示"希望公司能进一步拓宽我们职业发展的空间，没有归属感"。

依赖是指公司的发展与进步离不开新生代大学生农民工个体的劳动成果和智慧贡献，集中体现为新生代大学生农民工个体对他人、组织良性运行的积极作用，具体表现为：分享感受、建议采纳、信任关系。例如：5 号、9 号等被试表示"当同事有困难时，希望他们能主动和我分享他的心理故事"。7 号、8

号等被试表示"希望我的建议能被公司采纳；希望公司多进行合理化建议调查"。所有被试都表示"希望领导能信任我，能把重要的工作任务交给我来完成"。

欣赏是指个体感知组织内部人员对新生代大学生农民工在品德、能力、价值等方面认可程度的主观判断。7 号被试表示"在一次离职时，领导百般劝我留下，说十分欣赏我的品行：为人诚实守信、有作为"。7 号、8 号、11 号、12 号、13 号等被试表示"想要在公司里得到高度的被看重感，我觉得突出的工作能力和忠诚的工作态度是非常重要的"。

表 6－12　新生代大学生农民工人际获得感的表现内容及示例（N＝18）

二级编码	一级编码	提及人数（人）	提及次数（次）	范例
关注	知道我的名字	8	8	"希望他们能知道我的名字"
	熟悉我的存在	15	15	"希望在各种场合能够认识我"
重要	尊重需要	16	29	"希望能尊重我的观点和人格"
	理解需要	18	27	"希望领导能理解我们的需要"
	社会支持需要	17	31	"希望领导能多表扬我" "希望能提高我们的工资待遇"
	认同需要	9	9	"希望公司能认同我们的价值"
	发展需要	18	49	"希望公司能给我们更多的升职渠道和发展机会"
依赖	分享感受	17	23	"当同事有困难时，希望他们能主动和我分享他的故事"
	建议采纳	18	41	"希望我的建议能被公司采纳"
	信任关系	18	35	"希望领导能信任我，能把重要的工作任务交给我来完成"

续表

二级编码	一级编码	提及人数（人）	提及次数（次）	范例
欣赏	品德欣赏	9	10	"领导对我的诚信品质给予高度肯定和认可"
	能力欣赏	18	42	"领导非常欣赏我的工作能力和工作态度"
	价值欣赏	7	9	"领导认为我为公司做出了不平凡的贡献和价值"

（二）新生代大学生农民工人际获得感的表现特征

1. 新生代大学生农民工人际获得感总体现状

调查研究结果显示（见表6-11），新生代大学生农民工人际获得感总体现状处于中等略微偏下水平，其中高、低人际获得感各占总比例的44.44%，其人际获得感指数有较大的提升空间。从表6-12新生代大学生农民工人际获得感的表现内容及提及频率来看，在重要子因子尊重、理解需要，社会支持、发展需要等方面凸显需求更为强烈；在依赖子因子分享感受、建议采纳、信任关系等方面需求表现显著；在欣赏子因子品德、能力等方面的认可，尤其是工作能力和工作态度等的表现是影响新生代农民工人际获得感指数的关键性因素。

2. 新生代大学生农民工人际获得感特征分析

由表6-11显示可知，新生代大学生农民工人际获得感在人口学变量上其特征表现更为明显。尤其是工作年限越长、职务越高的新生代大学生农民工，其人际获得感程度越高。例如：7号被试具有6年的企业工作经验表示"因为自己作为品质负责人的职位性质，属于为公司把握'命脉'的角色，自己或者本团队的决策都能得到大家的认可和支持。我感觉非常地幸福"。具有多年工作经验的8号被试表示"工作态度和工作能力特别重要，工作中表现积极认真负责、不断提升自身的能力，自己会提升自信感，和同事领导有愉快的相处模式，被领导重视，工作心态会相对较好"。在学历变量上，新生代大学生农民工人际获得感程度要高于学历较低的新生代农民工。学历层次结果显示在18

名被试中,具有本科学历的新生代大学生农民工其人际获得感程度报告高人际获得感心理感受的比例为85.72%,占总比例的33.33%;在性别变量上,男女在人际获得感指数上没有明显差异,这可能与本研究样本量限制有关。但是从访谈结果来看,男性人际获得感关注的焦点更集中于行为层面,例如:重要子因子中的发展需求,依赖子因子中的建议采纳、信任关系,以及欣赏成分里的工作能力与价值。而女性更为关注人际获得感的情感成分的满足,例如:重要子因子里的尊重需要、社会支持需要、理解需要等。

(三) 新生代大学生农民工人际获得感的影响因素

根据访谈结果、文本转换,提炼出两个层次的影响人际获得感指数的编码类别,即一级编码和二级编码。结合质性访谈原始资料分析,提炼13个一级编码,根据其来源又分别归纳出4个二级编码,具体包括个体因素、家庭因素、组织因素和社会因素。

表6-13研究显示,在个体因素中,提及影响其人际获得感指数的具体项目有:性格特征、工作价值观、工作投入、工作能力、人际关系和外貌特征。然而,提及次数最多的是工作能力,其次是人际关系。例如:7号、8号研究被试表示,"我在公司也算得上一位小领导,正因为我的工作能力突出,能为公司创造价值和效益。所以我觉得自我人际获得感高"。在家庭因素中,成长经历和父母角色两个子因子是影响新生代大学生农民工人际获得感指数的重要内容。尤其是成长经历中的家庭教育,在个体步入职业发展中扮演着重要的角色。例如:自评认为人际获得感高的17号研究被试表示,"我是在农村长大的孩子,小时候父母就教导我自立自强的道理,也逐渐培养了我独立的人格魅力和坚韧的性格意志,所以我觉得家庭教育对我的成长成才、被企业领导看重有直接的关系"。在组织因素中,领导风格、企业文化、管理制度、工资福利4个子因子是影响其人际获得感指数的主要来源,提及次数较多的影响因素是管理制度与工资福利。自评人际获得感低的18号的一名女性研究对象表示,"公司工资低、工作时间太长,经常加夜班,纪律非常严格,很少能理解我们基层的感受,发展空间很小,没有归属感,更感觉不到有什么被看重感"。在社会

因素中，仅有 2 位研究被试提及了关于政府政策、社会环境的支持力度不够，并命名为：社会偏见。

表 6 – 13 新生代大学生农民工人际获得感影响因素 （ N = 18）

二级编码	一级编码	提及人数（人）	提及次数（次）	范例
个体因素	性格特征	11	18	"这可能和我的性格内向、不太积极主动有关"
	工作价值观	7	14	"我现在的工作状态是做一天和尚撞一天钟"
	工作投入	8	12	"在工作方面我是一个非常认真投入的人，自我要求高"
	工作能力	18	41	"我觉得在公司被看重的最重要原因是我的工作能力突出"
	人际关系	18	32	"我不太会和同事和领导交往，所以我感觉被看重感低"
	外貌特征	6	6	"我觉得自己的颜值高"
家庭因素	成长经历	7	9	"在我的成长过程中，父母教我吃苦是福的道理"
	父母角色	1	1	"我父亲在这所公司是领导，所以我觉得被看重"
组织因素	领导风格	14	17	"我们领导非常严厉、专制" "我们领导比较祥和、民主"
	企业文化	15	22	"我们公司的企业文化很好，关注每个员工的身心健康"
	管理制度	18	37	"公司管理制度严厉，上班时间太长，不人性化，上升空间小"
	工资福利	17	35	"工资低、福利差，没觉得被看重"
社会因素	社会偏见	2	2	"我觉得社会政策和环境对我们这样的基层群体有歧视"

（四）新生代大学生农民工对组织、社会的建议

编码结果（见表6－14）显示，从基本被看重感心理作用机制视角，新生代大学生农民工对企业管理的建议主要表现在建设企业文化、倡导人性管理、参与管理决策、拓宽职业发展、授权信任员工等方面。尤其在参与民主管理和决策、员工职业发展规划以及授权信任员工等子维度方面提及的次数较多。而在对社会环境的建议方面，大部分新生代大学生农民工不知道该如何表达自己的观点和建议，仅有2名研究对象从社会偏见角度谈了一下心理的感受和建议。

表6－14　新生代大学生农民工对组织、社会的建议（N＝18）

	编码指标	提及人数（人）	提及次数（次）	建议范例
对企业管理的建议	没有建议	4	4	"没想过这个问题，现在也想不出来"
	建设企业文化	3	3	"希望企业能营造良好的工作环境"
	倡导人性管理	9	10	"望领导多关心我的工作感受、尊重我们"
	参与管理决策	17	25	"希望我们能经常参与公司会议，反映基层工作"
	拓宽职业发展	18	33	"希望企业能关注我们的职业成长与发展"
	授权信任员工	15	21	"望领导信任我，将重要的事情交给我去做"
对社会环境的建议	没有建议	12	12	"我对这个问题还没有想好"
	减少社会偏见	2	2	"希望政府、社会能多帮助我们、支持我们，减少不和谐社会歧视政策"

三、 讨论与结论

（一）新生代大学生农民工人际获得感表现内容、表现特征及原因分析

根据深度访谈结果与分析，对新生代农民工人际获得感表现内容的质性研究，其主要表现在关注、重要、依赖、欣赏等维度上，关注是个体被看重感的基础性内容，是对个体存在的注意信号；重要与依赖都是从关系层面来界定人际获得感，两者的区别在于，重要是关系中"取"的一方，而依赖是关系中"予"的一方，集中体现了人际获得感心理动力的双向作用；欣赏是从个体品德认可视角反映新生代大学生农民工人际获得感的心理感受。新生代大学生农民工人际获得感表现内容的划分与 Rosenberg 和 McCullough（1981）、Scholossberg（1989）研究认为人际获得感包含注意（attention）、重要（importance）、依靠（dependence）、欣赏（appreciation）等基本维度一致。

新生代大学生农民工人际获得感总体现状较差，处于中等偏下水平：积极知觉偏少，消极体验较多，但有较大的提升空间。这一现象与徐金燕等人（2018）在研究社会污名和歧视经历对新生代大学生农民工心理健康的消极影响大学生结果具有一致性。导致新生代大学生农民工人际获得感总体水平较差，可能与新生代大学生农民工自我身份认同、社会偏见以及自身歧视经历密切有关。从新生代大学生农民工人际获得感的表现内容及提及频率来看，其人际获得感知觉判断水平与新生代大学生农民工心理高级需要的满足现状以及社会比较分析相关联。结合其人际获得感动机，并借助需要理论与社会比较理论来解释产生这种现象的原因：第一，人本主义心理学派马斯洛研究认为个体的需要等级一般会按照金字塔模型生成需要的属性，人们的需要可以由低级向高级模式运行。被看重感作为个体的一种动机性需要、成长性需要，这与马斯洛需要理论中具有社会属性的高级需要特征相关联。新生代大学生农民工人际获得感需要是对马斯洛需要层次理论中的成长性需要的具体化、特征化，是马斯洛高级需要的直接体现，反映了个体在满足了自我的基本需要或缺失性需要之

后，而产生的一种对自我美好生活追求的执着信念。人际获得感同时也作为一种社会性关系需要，与人、社会的关系互动相密切，在人与人、人与社会相处过程中觉知自我人际获得感在社会关系网络中的位置与重心。第二，社会比较理论认为个体在缺乏客观的判断依据时，个体会利用他人作为标尺对外在信息的选择、摄取、加工、判断、生成等心理认知进行自我评价。在合理的参照系指标下，社会比较会提高人们的自尊和自信。相反，以不合理的方式或选择不合理性的事物或他人作为评价自我的参照系，会给个体带来负面的自我评价，并影响个体的心理健康水平。从新生代大学生农民工人际获得感总体水平上看，人际获得感的心理发展过程取决于人际与社会交互作用的质量与水平，影响其人际获得感指数的得分，这与个体和他人（一般指的是同事或其他重要他人）做比较在关注、重要、信赖、欣赏等社会资源上的获得感、占有率有关。

新生代大学生农民工人际获得感在人口学变量上的质性研究表明：男性对行为层面上的参数，如：职业发展、工作能力价值被认可、被欣赏程度等信息摄入的元素提及频率较高；相反，女性更为关注情感需求满足的现状。另外，职务、学历较高的新生代大学生农民工人际获得感指数要高于职务、学历较低的新生代大学生农民工。以上研究结果与性别生理特征、岗位晋升经历、社会经济地位导致了其人际获得感指数差异相关联，这也与 Rosenberg 和 McCullough（1981）、Schieman（2001）研究认为"受过更高教育、社会经济地位较高的社会阶层人员所感受到的来自周围环境被看重感信息摄入量要明显高于那些社会阶层较为低下的职工"相一致。在人口学变量上，在深度访谈中发现"在同等学历条件下，具有一年以内工作经验的新生代大学生农民工其人际获得感程度高于无职务头衔的部分老员工"。例如：具有一年以内工作经验无职务的 11 号研究对象表示，"虽然我刚毕业不久，工作年限时间短，与部分老员工相比较而言，我觉得在公司里的个人被看重感程度还是较高的。因为部分老员工虽然资历老，但是缺乏上进，工作态度也不认真，甚至有离职的念头"。这一现象与"具有多年工作经验且有职务的新生代农民工其人际获得感程度较高"的调查结果并无矛盾，说明新员工人际获得感高与公司对新员工充满期望、发展前景和潜能开发有关，而老员工人际获得感低与老员工消极的工作价值观、工作态度以及较低的工作业绩等相关联。

（二）新生代大学生农民工人际获得感影响因素模型

综合 18 名研究对象的质性研究表明对影响新生代大学生农民工人际获得感知觉信息摄入量分析加工，经过两次编码，该研究最终得出新生代大学生农民工人际获得感影响因素模型：二级编码 4 个维度，一级编码 13 个子维度，分别对应于个体因素（性格特征、工作价值观、工作投入水平、工作能力、人际关系、外貌特征）、家庭因素（成长经历、父母角色）、组织因素（领导风格、企业文化、管理制度、工资福利）、社会因素（社会偏见）。

个体因素是影响新生代大学生农民工人际获得感程度的内在动力，个体的先天特征和后天环境对其外在环境，尤其是被看重感知觉信息的摄入、编码、加工、提取、应用等环节具有重要的过滤和调节作用。在访谈中发现个体人际关系的水平、人际互动的质量以及被他人理解的程度是影响新生代大学生农民工人际获得感的重要人际因素。家庭因素是影响新生代大学生农民工人际获得感的背景变量，家庭成长的环境和教育对个体被看重感信息判断具有重要的沾染功能。在深度访谈中发现，个体与家庭亲密程度、与父母等重要他人的关系满意度以及个体成长过程中与朋友建立起来的友谊质量和经历等成长经历因素对新生代大学生农民工感知当前在企业被看重感形成机制具有重要影响。组织因素是影响新生代大学生农民工人际获得感程度的外在动力，领导风格、企业制度及与领导同事的人际关系等具体事件和情景是直接影响其人际获得感的源泉和条件。社会因素是影响新生代大学生农民工人际获得感的环境因素，体现的是整体社会环境和政府政策对新生代大学生农民工心理环境的支持力度。

新生代大学生农民工人际获得感影响因素模型是在扎根模式的研究基础之上逐渐发展形成并构建起来的理论模型，该模型具有假设性、理论性、主观性等特点。在后续研究中，可以进一步扩大样本容量，对新生代大学生农民工人际获得感影响因素进行量化与实验研究，建立起更完整的影响因素回归模型，以此具体考察新生代大学生农民工人际获得感影响因素模型的内在关系。

四、 新生代大学生农民工人际获得感提升对策研究

根据新生代大学生农民工对企业管理、社会环境等方面的态度与建议，结合新生代大学生农民工人际获得感的现状及影响因素，从个体、企业、社会等三个视角对提升新生代大学生农民工人际获得感提出以下对策。

（一）培养新生代大学生农民工人际获得感内在动力，激发新生代大学生农民工人际获得感主动行为

关注新生代大学生农民工心理卫生状况，不仅是满足新生代大学生农民工心理情感的基本需求，更是提高企业生产效率、维护社会和谐稳定、全面建成小康社会的外在要求。因此，企业应为新生代大学生农民工加强心理健康教育，开展心理咨询与团体辅导服务，提高新生代大学生人际沟通水平和有效建立人际关系能力。从深度访谈来看，具有高被看重感的研究对象，其对信息的摄取、知觉和判断都源自对内在因素的关注。部分研究被试认为："正因为我的工作能力突出，做事认真务实，积极为公司做贡献，所以我觉得公司的同事和领导才会看重我。"积极组织素质拓展培训，以培养新生代大学生农民工高度责任感、积极工作价值观和工作态度，充分开发个人潜能为价值导向，积极引导新生代大学生农民工人际获得感内在归因模式，正确认识个体表现因素与人际获得感之间的本质关联，促进新生代大学生农民工行为从被动认识积极向主动认识转变。

（二）探索现代企业具身管理模式，建构新生代大学生农民工人际获得感激励体系

从企业视角来看，被看重感状况一般，企业组织应注重加强对新生代大学生农民工人文关怀，在政策、管理、发展等方面应对该群体给予积极关注与政策倾斜。从领导沟通层面上看，传统管理学理论有着明显的"离身"倾向，使得"身体"成为组织管理的"暗箱"。具身管理学理论的提出直接来源于具身认知理论。具身认知理论主张认知根植于身体、环境及二者的互动之中，强调概念系统的建构依赖于仿真模拟等（Barsalou，2008；Wilson&Golonka，2013）。

基于具身管理理论和新生代大学生农民工对组织、社会的建议，领导者应积极走进基层、体验基层工作和生活，以躯体感、知觉及其符号化表达影响其领导者的情绪、态度、判断以及决策等，对改善新生代大学生农民工人际获得感状况具有重要的理论意义和应用价值。具身管理理论认为：身体空间距离、位置、运动朝向等姿势和动作会影响个体情感加工、人际评价、态度偏好等。因此，作为领导者应加强基层员工多样化参会制度，完善基层员工参与企业管理与决策机制，构建基层员工根据工作心理成熟程度进行适应性、发展性管理模式，从而进一步提高基层员工人际获得感指数。

（三）减少新生代社会偏见因素，营造新生代大学生农民工人际获得感社会环境

偏见（prejudice）是人们对特定的对象形成的一种负面刻板的概括性心理意象。社会偏见现象已成为影响新生代大学生农民工人际获得感状况的外部因素，基于社会偏见的来源，可以从两个方面加以应对偏见：改变自己和影响他人。其中，改变自己，可以通过认识外群体的特征，增加群体间的接触以及增强对外群体的了解和认识等方式，来对抗自我不合理的信念。而学会影响他人，可以通过帮助他人意识到其自身的态度和行为，鼓励群体间的接触，以学会分享、共同活动、以身作则等方式，促进他人对自我的深刻了解和认识。另外，政府相关部门应积极采取措施尽量减少新生代大学生农民工政治偏见、经济偏见、文化偏见。针对社会环境的建议方面，大部分新生代大学生农民工不知道该如何表达自己的观点和建议，甚至对社会、政府积极的支持性政策也并不了解。因此，政府相关部门有必要对新生代大学生农民工倾斜政策、社会焦点进行广泛宣传，以营造新生代大学生农民工人际获得感社会支持环境。

第七章

积极教育视域下大学生人际获得感的
提升路径

通过对大学生人际获得感理论建构与现状调查，并对问题成因进行深刻分析，其研究的落脚点是如何提升大学生人际获得感水平，促使大学生更好地收获人际满意度和心理幸福感，进而实现对美好生活的向往。本文基于积极教育的思想，运用积极教育的理论与实践，对建构大学生人际获得感提升路径研究具有重要的现实意义。基于积极教育理念导向的人际获得感路径设计研究，主要表现为以下几个方面的内容：唤醒大学生人际获得意识、锤炼大学生人际获得能力、强化大学生人际获得动机、构建大学生人际获得情境。

第一节 唤醒大学生人际获得意识

从人际获得意识模块来看，唤醒人际获得意识是提高大学生人际获得感整体水平的认知路径。本小节基于积极教育视角，将从两个方面来唤醒大学生人际获得意识：以社会主义核心价值观为思想引领，积极培养大学生品格优势与美德；以关注、重要、信赖三维结构为问题导向，不断增强大学生人际获得意识。

一、 以社会主义核心价值观为思想引领， 积极培养大学生品格优势与美德

从积极心理学的角度来说，马丁·塞利格曼在《持续的幸福》一书中指出："积极心理学研究的不是幸福，而是全面的蓬勃人生，它有五个支柱——积极情绪、投入、人际关系、意义和成就，而这些支柱的基石，则是品格优势和美德。在蓬勃人生理论里，24 个优势支撑着五个元素，该理论旨在帮助人们运用自身最强的优势获得更多的积极情绪、意义、成就，以及发展更好的社会关系。"品格优势与美德主要集中体现在智慧和知识、勇气、人道、公正、节制、超越等内容上，这些优势是一种特质，它稳定地存在于一个人身上，并且个体在不同的情景中都会显现出这种特质。比如说，我们发现某人有"善良"的美德，并且明确地告诉了他，那么他在现实生活中就会变得更加乐于助人。这就是标签的理论，心理暗示会对个体在现实生活中的状态产生影响。因此，结合大学生人际获得意识的内容，融入品格优势与美德中的人道、节制、超越等积极特质，培养大学生品格优势与美德素养对提升大学生人际获得意识具有重要的理论意义。

如何培养大学生品格优势与美德，其核心素质就是青年大学生要对主流价值观积极认同。主流价值观的认同机制是主体品格优势与美德素养的理性反映和道德投射，对主体心理活动与行为表现具有积极的预测作用。基于国际与国内社会背景，各种思想观念相互激荡，有些消极落后的思想观念在互联网的助推下得到快速传播，这使得缺乏辨别力的少数青年出现了反主流、反权威的意识，一定程度上消解了他们对主流价值观的认知和认同。"这个问题要给予特别的重视和切实的解决。"张良驯认为，青年研究界要加强对青年价值观的研究，尤其是从多学科的角度研究青年价值观是如何形成和发展的。因此，加强对青年大学生主流价值观的认同长效机制建设，尤其是社会主义核心价值观认同心理，对培养主体道德品格、促进人际获得感的形成具有重要的现实意义。社会主义核心价值观认同教育是社会主义意识形态工作的本质体现，是事关党

的前途命运、国家长治久安、民族凝聚力和向心力的一项非常重要的工作。随着社会主义市场经济的快速发展以及多元文化的冲击，主体意识逐渐觉醒，价值观也呈现出多元化、实用化和矛盾化发展趋势，加强主体社会主义核心价值观认同教育也就成为新时代的必然要求。习近平总书记在多次重要讲话中指出："青年的价值取向决定了未来整个社会的价值取向，而青年又处于价值观形成确立的关键期，抓好这一时期的价值观养成十分重要。"主体处于世界观、人生观、价值观关键抉择时，面对社会转型多元化价值观易造成混乱的引导需要，普遍存在价值接受心理障碍问题，具体表现在认知接受障碍、情感接受障碍和意志接受障碍。基于主体价值认同的心理学视角，系统分析主体认同的形成过程，积极探索主体认同的心理运行规律，结合新时代主体价值认同存在的问题，提出具有针对性、实效性改革创新途径，以促进主体价值精神的认同，从而推进主体社会主义核心价值观认同实践路径的培育工作。

（一）主体价值认同的形成过程

主体价值认同的过程本质上是一个内化过程，即个体将科学思想理论转化为自身的自觉自律行为。也就是说，社会成员价值认同的过程是将社会主义核心价值观思想精髓，以社会实践为载体，逐步转化为主体核心价值观并不断固化的建构过程（张忠春，2011；刘新庚，2012）。了解价值认同的形成过程，对主体自觉养成核心价值认同具有重要的理论意义。基于社会心理学研究视角，价值认同的形成过程本质上是一种态度改变的过程，根据凯尔曼对态度形成与变化的三阶段理论研究，认为主体价值认同包含了依从、认同和内化三个基本形成过程，并伴随着个体认知、情感、行为的生成性变化。

（1）知行分离：社会主义核心价值观形成的依从阶段

依从是指主体在社会影响下，为了达到一个更重要的目标而改变自己的态度，并在表面上显示出与他人一致的态度反应和外在行为。这种态度与行为反应具有不稳定性、暂时性、权宜性和外控性等特点，本质上是一种印象管理策略。个体主要受社会规范、奖惩原则以及维护自我良好的形象等外部原因影响，而表现出与主体内在动机不相一致的态度与行为反应链。相反，如果外因或条件一旦消失，那么相应的态度与行为反应也因此而中止。在现实社会环境中，深受社会转型下传统思想的制约，市场经济下价值观念的泛功利化，以及行为实践下主体利益回报机制的缺失等主客观因素影响，造成了主体价值认同在认知、情感和行为实践上的严重失调，使得主体价值认同处于知行分离的状态。因此，为了整合主体价值认同知行结构体系的漂浮、分离状态，依从阶段是引发主体态度改变的外在表现，也是促进主体价值认同的初级形式。在社会主义核心价值观培育过程中，实施和设计价值观教育模式是主体进行价值认同的外部动力，是促进主体对社会主义核心价值观积极关注和初步认知的重要社会影响方式。需要指出的是，由于主体需要在心理与行为上保持核心价值观认知的内在一致性，因而长期的依从行为可能会导致主体认知心理模式的根本性改变，并孕育新品格特质的形成。

（2）知行趋同：社会主义核心价值观形成的认同阶段

认同是指主体在情感上愿意与他人建立联系，且较为主动地接受他人观点、态度或行为方式的心理过程。也就是说，认同阶段的态度变化与依从阶段有着本质的区别，主要表现在：第一，主体态度的变化是自愿的，而不是被迫的。主体的价值取向、态度及其行为反应不以客观因素和社会影响而发生个体意志的转移，体现了主体价值取向的动机与行为具有内在一致性。第二，认同性的态度变化是一种涉及积极的认知和情绪情感成分共同参与心理活动的发展过程，尤其是已有情绪情感因素的性质改变，对主体价值认同的主动性接受心理机制的启动具有重要意义。在社会主义核心价值观的认同阶段，正是主体情感因素的积极参与和情绪调节，促进了主体漂移分离的价值观系统知行子场域得到了吸引和整合，并趋于一致，使得主体所表现出来的价值取向、态度与行为更具有正能量和感染力。具体表现在：第一，主体通过认知生成对社会主义核心价值观的理智认同。维系社会关系的契约精神、规则意识和法治理念都是通过个体的理性认知得以确立的，只有基于对社会主义核心价值观的理性认知和科学判断，现实社会中个体的不同价值观才能得到整合，进而产生道德共识，推动价值认同的产生。第二，通过积极情绪情感体验催生价值立场的坚定。一方面，在对社会主义核心价值观内容的理性认知基础上，细致体会在国家、社会、公民三层面上的核心价值观与个体成长发展的密切联系,贴近现实日常生活,生成对核心价值观的积极共鸣和情感认同。只有在这样的真实情感前提下所流露出来的价值认同态度,才能有真正意义上的认同性价值立场。另一方面,"文化-心理"社会变量对主体积极建构核心价值观结构体系产生着中介或调节效应。主体长期生活于特定的社会文化背景下,深受传统文化、风土人情和民族风貌的影响,集体潜意识已形成与亚文化相一致的情绪情感状态。因此,由本土文化土壤建构起来的某类情绪情感联结,通过文化认同心理中介或调节机制,促进主体在认知上唤醒价值意识,在情感上产生命运共同体效应,在行动上主动践行价值认同的标准。第三,认同性价值观心理加工范式推动着主体行为的积极实践和主动生成。通过对主体认同性价值观心理机制的诱发与启动,根本落脚点在于促进主体行为的积极践行。认同性价值观不仅在心理机制运行上表现出一种积极的内在动力,而且在行为反应上也同样契合了内在动机的一致性。因此,长期的价值认同会导致整个价值观结构体系及其态度倾向的根本性转变,对主体价值认同的形成具有重要的现实影响。

(3)知行合一:社会主义核心价值观形成的内化阶段

内化是指主体对情感认同的东西给予积极认知反应,并在理智上做出是非判断的心理过程。这是一种认知性占主导地位的内化性态度改变,是态度改变中最深刻的层次,已成为人格系统的重要组成部分,具有稳定性、持久性特征。因此,内化了的态度反应已经形成了主体价值认同的人格系统,它与依从性、认同性的改变的最大区别是不再依赖外在压力及个人与其他人的关系,它已成为一种主体与客体互动模式的独立性态度和坚定性品格。在价值认同形成的内化阶段,新建立的内化水平的核心价值观与人格特质,会成为主体态度系统与价值体系的一个构成部分,主体的价值认知、价值情感、价值意志与价值行为已经融为一体、互为影响,在一定程度上实现了主体价值认同的知行合一。价值认同形成的内化过程实质上是一种生成性过程,主要体现在以下方面:一方面,在价值观念形态上,内化了的价值认同已成为主体人生成长的精神追求和价值归宿,是社会评判是非曲直的价值标准,不因外在的压力与他人的意志而发生转移;另一方面,在行为实践形式上,主体的思维意念与行动逻辑表现为一种自愿、自觉性的高度统一，是一种对前两个形成阶段的价值超越，具体表现为对社会主义核心价值观内化于心、融化于魂、外化于行的精神实质。综上所述，研究认为价值认同的养成过程是集价值观念、价值情感、价值意志、价值行为于一体的不断螺旋式上升、内化外显的发展过程。

（二）主体价值认同的心理机制

主体价值认同本质上是一个接受心理的过程，是指在思想政治教育活动中，接受主体在思想行为上对接受客体的内外化程度（张灵、徐志远，2017）。本文以思想政治教育接受心理理论为研究视角，深入探讨社会主义核心价值观主体认同的心理机制，对全面把握社会主义核心价值观接受的一般心理规律、系统构建社会主义核心价值观主体认同长效机制具有重要的理论意义和实践价值。主体认同的心理机制是指主体在社会影响下生成社会主义核心价值观认同感所涉及的心理元素与环境诸要素之间的相互联系、相互影响和相互制约的运行方式。根据主体在特定情境下对价值观载体信息的认知加工方式及其特点，认为主体价值认同的心理机制应包含四个基本运行结构：心理动力机制、心理导向机制、心理促进机制、心理调节机制。

（1）心理动力机制

社会主义核心价值观接受的心理动力机制是指教育主体基于认同主体的个性心理倾向而精心设计核心价值观可接受性的启动机制，在价值认同过程中发生着动力牵引的机理与方式。其中，需要是主体诱发或启动价值认同心理机制的内在驱力和基本动机，而诱因是个体产生社会主义核心价值观接受体验的外在驱力和直接动因，它包含教育主体的权威性、可靠性和可信度水平，以及教育主体的沟通艺术技巧的表达呈现。关于需要这一哲学命题论断，正如马克思认为："任何人如果不同时为了自己的某种需要和为了这种需要的器官做事，他就什么也不能做。"同时，马克思主义认为人的需要具有层次性，"人们首先必须解决吃、喝、住、穿，然后才能从事政治、科学、艺术、宗教等等"。恩格斯针对人的需要系统进行了心理解构，认为生存、享受、发展三层需要是人们繁殖与延续的原始动力，其中生存是一种本能且最为基础性的需要，因为这是"由他们的肉体组织所决定的"。然而，当代社会生产力已经较为发达，基本生理需要已经不再是当代人们生活向往的主题，正如美国心理学家马斯洛研究认为：当个体基本需要得到充分满足时，个体对完善自我、全面发展、道德情操等成长性需要就会变得更加强烈。因此，主体价值接受心理需要是接受主体在社会主义核心价值观接受心理过程中所激发出来的积极性动力，对进一步促进接受主体落实接受客体具有动力性作用。而社会诱因对个体形成社会主义核心价值观接受心理机制具有唤醒、激活、启动等作用，为满足接受主体需要、表现个体行为提供了可能性、操作性意义。社会诱因主要表现在教育者权威效应和双面沟通效应：教育者权威效应是指教育主体在身心特点、专业威望、可信度水平等变量上对启动、激发主体接受社会主义核心价值观内容的动力倾向。在社会主义核心价值观接受心理过程中，教育者权威效应对主体价值接受心理机制具有重要的动力功能，主要集中表现在以下几个方面：一是教育者身心特点与接受主体身心特点具有较高的一致性和匹配性，对主体价值接受心理动力机制具有导向作用；二是教育者专业威望一定程度上也对主体价值接受心理或态度改变发挥着重要作用；三是可信度水平是影响主体主动启动或激活社会主义核心价值观接受路径的重要保障。心理学研究表明，与较低可靠性可信度水平的教育者相比较而言，具有较高可靠性可信度水平的教育者对个体的态度改变具有积极性影响。而双面沟通效应是指在社会主义核心价值观接受心理过程中，教育者应对社会主义核心价值观内容进行双向沟通，避免单项沟通引起接受主体的逆反心理。在激发主体积极吸收社会主义核心价值观认同教育中，教育者要运用科学性灌输与启发式教学相结合的原则，借鉴历史故事、世界有益的成果与失败的经验等方法，进行多面性、多层次沟通，以促进教育接受者积极性接收与认同性加工。由此可见，接受主体的基本需要是社会诱因设置的基础和前提，社会主义核心价值观接受动机是接受主体需要与接受系统诸要素中的社会诱因子因素相互作用、相互影响的产物，是主体产生社会主义核心价值观接受心理动力机制的力量源泉。在社会主义核心价值观接受教育培养上，教育者应积极保护主体对社会主义核心价值观的成长性需要，合理设计建立基于需要多样化的诱因启动模式，以贴近主体个性化需要作为强化机制和诱因环境，推进主体社会需要和自我需要之间的矛盾发展运动。

（2）心理导向机制

社会主义核心价值观接受的心理导向机制是指接受主体的道德认知－道德情感系统、价值观系统等个性心理空间诸要素在价值接受心理过程中发生导向功能的机理与方式。心理导向机制对青年社会主义核心价值观接受的形成具有积极的认知加工导向，引导青年对社会主义核心价值观接受由感性认识上升至理性认识，是促进主体激发价值认同需要与动机的道德结构性背景变量，对主体形成价值认同具有重要的认知价值和行为导向作用。主要表现在以下三个方面：第一，核心价值观念的知识价值。核心价值观念是主体价值认同的集中体现，而价值认同主要来源于主体对价值认同相关知识的理解与掌握，社会规范的认知和判断以及与主体经验成长史密切相关。核心价值观念是主体对价值文化、社会规范、科学知识与人文精神等认识系统化的观念混合体，其中积极的认知系统和全面的知识结构对主体产生价值认同判断具有重要的理智和导向作用。第二，价值认同情感系统对主体积极表现价值认同意向具有重要的动机功能。丰富的价值认同情感系统主要源自主体在成长过程中发生的价值认同行为事件的频率及其内化的质量。如果主体在成长经历中经常表现价值认同行为或时常发生价值认同的吸引，并且在此过程中积极体会丰富多样的价值认同情绪和情感，那么个体将会累积深厚的价值认同情感正能量。因此，在价值认同特定情境下，主体可能会自觉主动地对价值认同关系进行积极认知，并产生相应的认知共情和情感共鸣，具有价值认同心理与行为倾向。相反，会导致主体价值认同情绪情感机制贫乏，不利于价值认同心理与行为的生成。第三，主体价值观系统对价值认同行为具有导向作用。价值观系统从主体价值认同行为服务的动机上来看，可以划分为利己价值认同、他律价值认同和自觉价值认同。三种价值认同取向中，自觉价值认同对价值认同行为的表现最具有积极价值。也就是说，不同的价值认同取向，主体会产生不同的价值认同行为模式和社会影响方式。因此，在主体价值认同接受的心理过程中，公益型或社会型价值观对主体主动养成自觉价值认同取向具有重要的理论意义。总之，主体价值认同认知－感情系统区，不仅是价值认同知识的"信息库"，而且是在当前价值认同情境下进行区分、筛选的过滤器,是价值观认同价值判断标准、确定个人责任与价值态度及行为方向的"定向器",也是克服利己价值认同的动机干扰、抉择行为方式并进行制动的"调节器",对主体外显价值认同的自觉性和自律性具有关键性作用。

(3)心理促进机制

价值认同心理促进机制是指主体在"道德认知-感情系统区"心理空间作用背景下,对价值认同对象发生积极认知、感情迁移、道德判断、责任定向、态度明确、形成决策等系列连锁反应的信息加工心理促进机制。价值认同心理促进机制是主体有意识地对待价值认同的接受客体,通过整合自我价值认同心理资源,经历客体认知、共情机制、内部冲突、主动定向、做出决策和调节行为等环节的一种复杂的心理过程及其结构。正确理解价值认同心理促进机制的阶段性发展,对全面把握价值认同生成机理具有重要的意义,具体阐述如下。第一,主体在特定情境下,从对接受客体信息的认知到产生价值认同行为要经历一个连续而有阶段的心理过程。在践行社会主义核心价值观认同教育的心理过程中,主体需要自觉启动"道德认知-感情系统区",对核心价值观深层内涵和具体内容进行积极认知。反复转换主客体角色立场,通过换位思考与核心价值观内涵精神产生共情,不断生成与高级情感相一致的道德价值判断和认同意识唤醒。而在价值责任定向与价值态度明确子环节中,经常会伴随着价值认同动机冲突和代价报偿的权衡心理。如果主体积极运用认知相符机制,产生道德义务感和社会责任感,那么个体就能顺利转入价值认同意向及其执行行为决策;相反,则会中断,导致价值认同行为的失败。因此,价值认同心理是否发生外化及其有效性,不仅依赖于这个过程本身的顺利进行与否,而且还取决于参与这个过程的"道德认知-感情系统区"的质量与功能水平。第二,价值认同心理促进机制子系统具有内在的逻辑性和前因后果的关系。因此,每个子系统都存在是否两种可能,而只有得出肯定的回答时才会顺利进行下一个子系统并使其良性运行。从社会主义核心价值观认同内容来看,每个层面的具体价值观认同机制不仅表现为内在一致性和逻辑层次性,而且在整个核心价值观范畴也同样存在价值认同的内在逻辑性和认同层级性等特点。也就是说,社会主义核心价值观具体包含了三个层面：公民层面的价值观、社会层面的价值观、国家层面的价值观。只有主体能更好认同公民层面的价值观，才有可能进一步产生相应的社会层面的价值认同以及国家层面的价值认同。

（4）心理调节机制

社会主义核心价值观接受的心理调节机制是指主体在社会主义核心价值观接受心理过程中，接受主体的情绪、心境等心理状态、共情心理以及行动强化模式等诸要素发挥着具有调节作用的机理与方式。针对这一概念的理解，需要从三个层面的机制把握分析：第一，在接受主体接受价值认同心理过程中，情绪、心境等心理状态对社会主义核心价值观接受形成机制的发生具有重要的动机与组织功能。积极、良好的情绪和心境状态有利于促进接受主体主观能动性的发挥，提高主体对社会主义核心价值观的认知效率，增强主体价值认同的接受水平。相反，消极、悲观的情绪、心境状态会导致接受主体产生厌烦情绪、意志消沉，降低接受主体对社会主义核心价值观的接受效率，有碍于主体价值接受心理机制的形成。第二，在接受主体心理结构各要素与接受系统诸结构相互作用、相互影响中，伴随着接受主体的心理状态和对接受客体的认知，将会引起主体价值接受过程中相关心理状态的变化。由接受主体对接受客体的会心、认知和理解所诱发的共情机制而生成的接受主体新的心理状态，如：接受主体生成的义务感、道德感、理智感、正义感、自豪感、成就感、爱心与奉献精神、良心、同情心、自尊心、羞耻感等社会情感，对激发接受主体表现社会主义核心价值观外化行为具有重要的调节作用。在社会主义核心价值观接受心理过程中，共情能力对接受主体愉悦地、自觉地接纳社会主义核心价值观内容具有重要的情感催化效应。具体表现在：首先，接受主体与接受客体相会心、相碰撞、相融合，接受主体用自己的真实情感诠释解读了社会主义核心价值观之本质，愉悦接受了社会主义核心价值观之灵魂。其次，当接受主体与接受系统诸要素互为一体，精神与物质生成共情状态，从而使社会主义核心价值观接受去异化，接受主体在自觉接受社会主义核心价值观过程中的"高峰体验"便由心而生。因此，在社会主义核心价值观接受培养教育中，要注重个体共情能力的训练与培养，深化对社会主义核心价值观内容的理解和感悟，增强对社会主义核心价值观接受的自觉性和去异化。第三，接受主体通过价值认同内外化心理机制，在一定接受情景下会再现社会主义核心价值观接受的内化理念与外化行为，其接受主体的行为结果将再次内在强化于先前接受的理念与原则。另外，社会榜样示范对接受主体价值接受的培养具有正向激励作用。榜样的作用利用替代性强化心理机制，领悟并学会亲社会行为技能，促进个体亲社会行为技能迁移至类似的社会主义核心价值观接受情景之中，以提高接受主体价值认同的效果。因此，在实施社会主义核心价值观培育过程中，要遵循接受主体的能力发展规律，加强对主体亲社会行为技能的培训和亲社会行为能力的训练，以亲社会行为能力培养为导向，组织多样化社会实践为培育载体，完善社会奖惩机制，积极发挥社会榜样示范效应，引导主体逐渐由价值认同向外化行为的能力发展而转化，积极投入中国特色社会主义新时代建设事业、为实现"国家富强、民族振兴、人民幸福"的中国梦而努力奋斗，成为时代担当的先锋与英雄。总之，在社会主义核心价值观接受主体自我培育中，要注重对社会主义核心价值观与社会实践相融合教育，在公益实践中，在身心共同作用下发生社会主义核心价值观接受心理过程，内化于心、外化于行，促进主体价值接受能力向价值外化、实践化、迁移化方向转变。

（三）基于价值认同导向的主体品格优势与美德塑造

主体社会主义核心价值观认同的形成，实质上是主体对社会主义核心价值观通过理性认知转化为思维品质的过程，根本落脚点在于促进主体对社会主义核心价值观的积极践行。这个过程归根结底需要主体自身的作用而产生，相对于其他环境因素而言，主体社会主义核心价值观认同教育基于自身视角的培育显得更为主动，是主体自觉认同社会主义核心价值观的内在路径，也是锤炼主体品格优势与美德塑造的根本路径。结合主体价值认同的形成过程和心理机制的一般规律，以社会主义核心价值观为思想指引，系统建构大学生积极特质的养成教育模式，以不断增强社会主义核心价值观主体认同的效果。

（1）激发主体品格优势的内生动力

从主体价值认同的驱动机制分析可知，影响主体对价值认同的心理动力系统主要体现在内部因素和外部因素两个方面。因此，在加强社会主义核心价值观主体认同感培育过程中，应以内外两因素为着力点，进一步激发主体价值认同的内生动力。其中内因是事物发展变化的本质，对事物发展的基本趋向具有预测效应。主体作为社会主义核心价值观接受的物质基础，应积极发挥主体主观能动性的作用，主动建构主体需要和社会需要的本质联系，以个体美好生活和国家繁荣昌盛为终极价值追求，激发主体对社会主义核心价值观认同感而产生出源源不断的内在动力。而外因是推动事物发展变化的重要动力，甚至对事物的发展发挥着关键性功能。激发主体价值认同的内生动力，不仅取决于主体内部因素对价值认同的动力机制产生影响，还表现在外部因素或环境因素对主体启动动力机制的作用，主要集中于社会诱因的科学设计。在外部动力因素设计上，教育者需要尊重每位个体的心理差异和人格特质，正确认知接受者对价值认同问题上的立场和观点，全面把握教育者与接受者在价值认同的认知、情感以及行为上存在的信息差异，充分运用主体经验系统和兴趣方向，科学设计具有契合性、针对性的社会主义核心价值观认同教育模式，以提高个体对价值认同的接受效果。也就是说，教育者要树立以人为本的教育理念，基于每位个体的兴趣、能力、经历与经验，做到因材施教。通过改变传统的教育模式，贴近主体心理需求和发展规律，科学设计促进主体主动激发价值认同的动力机制，进而实现主体主动内化社会主义核心价值观之目的。基于主体价值认同内生动力的激发，结合社会主义核心价值观思想内涵和价值精神，不断在教育和教学实践过程中融入并渗透中华传统美德的修养智慧。以中国优秀传统文化故事、先进典型等特色文化为育人载体，旨在激发主体向我国优秀传统文化之道德模范生成观察学习的动力。

（2）提升主体品格优势的理性认知

主体形成社会主义核心价值观认同感，主要体现在认知上的理智、情感上的认同以及行为上的践行。心理认知是探索事物的起源和基础，情感认同是对事物认识的升华与深化，行为实践则是理性认识事物并激发相应积极情绪体验的结果与外化。由此可见，价值认同的过程是主体在认知、情感、行为上辩证统一发展的过程。理性认知是心理活动过程中最为基本的运作形式，是指主体对知识不断探索、深化和应用的过程。对社会主义核心价值观的认识，是一项感性认识上升至理性认识的发展过程。加强对社会主义核心价值观认知的最好方法，是对社会主义核心价值观的内涵及其价值在不同的时间节点上反复学习，熟练于心。不仅要求自身对社会主义核心价值观基本内容进行掌握，而且还要求自身对其科学依据、价值内涵、现实意义、内在逻辑等方面进行深度的学习和研究。在学习认知策略上，积极运用复述策略、精细加工策略以及组织策略等方法，联系自我经验和社会现象，尝试使用社会主义核心价值观道德评判标准发现问题、分析成因，对社会主义核心价值观进行全面且有深度的理解和掌握，将社会主义核心价值观认知由感性认识上升至理性认识。另外，主体价值认同心理机制研究表明，背景性知识结构对自身主动认识社会主义核心价值观发挥着导向性作用。因此，要促进主体对社会主义核心价值观的自觉认知，除了结合自身的需要和差距进行有针对性的理论学习，不断提高政治素养和思想觉悟外，还需要认真聆听老师课堂传授的知识，以及在业余时间进一步提升科学与人文素养，丰富学科知识和人生阅历，完善知识结构体系，开阔视野，陶冶性情，自觉养成高尚的人格品质和道德境界，有助于自身深刻领悟社会主义核心价值观的深层内涵和社会意义。基于对主体价值认同的理性认知，在高校教育理论与实践中，应充分挖掘大学生成长成才的生活素材，积极开设社会主义核心价值观和中华民族优秀传统文化相结合、相融合的显性和隐性课程。通过对历史与现实的文化理论建构，不断提升主体理性认知水平，着力培养大学生品格优势和美德塑造。

（3）增强主体品格优势的情绪体验

认同过程不仅仅是一种态度的认知，更是一种情感的交融，是基于内心深处的一种认可。情感认同是在主体对客体理性认知基础上而产生的一种与认知内容一致的情绪情感体验。这样情感认同不等于价值认同，实质上，它是理性认知与价值认同的中介，是基于认知完成导向自然流露出来的积极情绪、道德情感和态度倾向。在社会主义核心价值观主体认同形成过程中，作为非理性的情绪情感因素发挥着关键性作用，渗透并调节于价值认同的整个发展过程。主体价值认同的共情调节机制研究认为，在对客体认知基础上，用心体会与社会期望产生共鸣的积极情绪和情感，对主体接受社会主义核心价值观具有重要的情绪调节作用。主体在进行社会主义核心价值观认知和接受的过程中所产生的一种积极情绪具有扩展与建构功能。积极情绪扩建理论认为：积极情绪扩展并建构了个体的智力、社会和身体资源，使个体成人后可以立足于社会且有所依。个体在积极的情绪中将会产生一种非特定行动的趋向，个体会变得更加专注并且开放，在此状态下，促使并扩展个体对心理空间的积极搜索和诸多行动的可能性过程，扩展个体的注意、认知、行动的范围，有利于建构起持久的发展资源，改变人们原来的思想和行为模式并实现螺旋式上升。积极情绪的扩建功能能满足多层次的需要系统，增加个体更多的创造力，改变个体与世界的互动方式，有利于建立持久的关系，帮助个体达到"高峰体验"，提升个体心理幸福感，实现完美人格的塑造和价值的吸引。总而言之，主体要重视积极情绪在社会主义核心价值观认同教育中的价值和作用，主动调适自己的情绪，在正确认知的基础上，自觉地加强对社会主义核心价值观的情感认同，运用积极情绪的扩建原理，继续推进在情理交融之中实现价值认同的回归。基于积极情绪导向的主体价值认同，已积极融入中华优秀传统文化的理念和精神，个体通过对中华传统文化中感人故事和榜样事迹的积极性共鸣，以不断增强主体情感认同。在积极情绪的体验下，陶冶情操，并逐渐塑造个体的优势品格和美德。

（4）培养主体品格优势的批判精神

培养主体的科学批判精神，对提高主体价值认同的逻辑辩证思维能力具有重要的实践意义。习近平总书记指出："核心价值观，其实就是一种德，既是个人的德，也是一种大德，就是国家的德、社会的德。"可见，核心价值观作为一种社会的大德，在主体思想道德建设中发挥着重要的统领作用。长期以来，我们对于社会发生的现象和问题，只是感性的认知和了解，并以情绪化的方式进行全盘接受或排斥。也就是说，在道德领域中缺少一种辩证科学的批判精神。特别是在当今深受西方思潮和多元化价值观的影响下，在缺乏客观、公正、科学的整体性价值观评判标准的条件下，很多冲动的主体针对不良的、丑恶的道德现象，盲目或极端地做出强烈的、非理性的、情绪化的批判。这无疑会导致社会道德失范的蝴蝶效应，并进一步影响到社会成员对社会主义核心价值观的消极认同。因此，主体要自觉加强批判性思维训练，认真研究马克思主义基本原理，运用马克思主义立场、观点、方法等手段，透过社会现象揭示本质，要以统一标准对自己、他人以及社会进行道德评价，做到整体分析、客观公正，避免形而上学、以偏概全地看待问题。批判的目的不是盲目地进行情绪宣泄，而是在于帮助人们客观地认识社会主义核心价值观的社会生态，明辨是非黑白，克服形而上学的片面性思维，做到更好地建构正确的核心价值观体系。培养科学批判精神对主体养成价值认同感具有促进作用，具体表现在两个方面：一方面，主体已具备潜在的辩证逻辑思维能力，尤其是批判性思维品质，个体要主动加强自身对辩证逻辑思维品质的训练，自觉培养对社会道德问题的科学批判精神，将自我的"小德"和社会的"大德"积极联结起来，把社会的"大德"作为自我的"小德"培育的方向和目标，在自我培育过程中不断发展自己、完善品格，努力养成价值认同感。另一方面，主体要自觉养成以社会主义核心价值观为指导思想的问题意识和思维模式，在社会道德问题上，要经常运用核心价值观的先进理念和逻辑思维，科学批判性地分析问题，探讨成因，从整体上把握社会道德现象的内在本质和发展趋势，进而在培养主体科学批判精神的同时，也进一步促进了主体对价值认同感的形成。综上，培养主体价值认同的批判精神，其内涵本质上就是一种优势品格与美德。无论是历史文化，还是现代文化，其传承和发展都需要当代青年大学生具有良好的问题意识和批判精神。因此，养成大学生批判精神的发展性思维，就是对理智优势品格核心内涵精神的养成。

（5）促进主体品格优势的知行合一

马克思主义实践论和主体论理论指出，主体性作为认识主体的人，在处理外部关系时总是基于主体行为实践的基础上而生成具有内在统一性的认识规律和功能反应。无论个体在思想意识和态度反应上能多大程度地契合社会期望标准，要促使社会期望标准转化为主体的价值观信念，就必须要加强社会实践的参与力度。只有在社会实践的量变基础上，才有可能引发主体价值观系统的质变。主体形成与社会相符合的价值观信念是通过在社会实践中反复检验和巩固强化的结果。从主体价值认同的形成过程来看，主体价值认同的过程本质上是一个内化过程，是集价值观念、价值情感、价值意志、价值行为于一体的不断螺旋式上升、内化外显的发展过程。因此，主体要将社会主义核心价值观自觉内化为自我行动的指导思想，就不能仅仅停留于书本的理论知识以及对社会主义核心价值观理论层面的理解，而要在基本理论知识掌握的基础上积极将理论知识应用于社会实践，转化为人们日常价值观和生活实践，在社会实践中不断认识和深化社会主义核心价值观的深刻内涵及其现实意义。在理念上必须遵循大处着眼小处着手的自我培育原则，以"落细落小落实"为切入点，努力做到"以小见大"，注重实效，把社会主义核心价值观的要求日常化、具体化、生活化。只有充分利用高校、社会为主体搭建的社会实践平台，不断地体验生活，经历循环往复的实践与认识的辩证发展过程，才能深化对社会主义核心价值观的理解和感悟，进而克服知行脱节的现象，并将价值认同内化于个体的信念系统，形成主体道德人格，真正实现价值精神知行合一的回归。从主体价值认同的心理机制来看，行动强化和能力迁移两阶段机制研究认为，主体价值认同是通过行为实践基础上的自我更新、自我完善来养成和获得，并逐渐升华为自觉的意志过程。由此可见，主体必须积极融入生活、工作和学习等社会各领域，使每位主体在实践中感悟、在实践中体会，最终领悟其价值内涵和思想精髓，并内化为个体的核心价值观体系，自觉用价值精神来引领自身的行为。综上所述，主体要利用学校和社会的资源，积极参与社会实践活动，在社会行为实践过程中不断强化和调节自我认知和情绪情感，循序渐进地塑造成为具有成熟稳定的价值观、人生观和世界观，并将其作为统领主体行为以及能力迁移相关领域的指导思想和执行标准。

二、 以关注、 重要、 信赖为问题导向， 不断增强大学生人际获得意识

从人际获得意识的内在结构出发，结合大学生人际获得意识调研现状，以关注、重要、信赖三维结构为问题导向，不断增强大学生人际获得意识水平。通过对关注、重要、信赖三个方面的问题内容，有针对性地形成自我养成教育

对策，从而达到增强大学生人际获得意识的目标。调研表明，大学生在关注、重要、信赖三个方面的得分处于中等水平，仍具有较大的提升空间。在各维度具体表现上，大学生在人口学变量上都具有不同程度上的统计学意义。通过对各维度上的人口学变量存在的问题进行有针对性的建构与干预，从而唤醒大学生人际获得意识的增强和自觉。

（一）积极关注人际正能量，力争"关注"主动权

关注是人们感受尊重、获得被看重感的最为基础性的心理元素。从关注的信息摄入视角来看，可以划分为两个层面的信息来源对主体感受关注的心理影响即内部心理环境和外部社会环境。从信息摄入的内部心理环境来看，主体感受关注的程度，会直接对主体心理卫生水平产生或多或少的正负性影响。人际关系经历既有良好的人际正能量，也有消极的人际负能量。基于人际经历的正、负两极人际交往事件所产生的情绪两极化特点即积极情绪和消极情绪，与主体对人际交往事件的关注焦点及其评价取向具有直接的关联。主体对积极人际交往事件关注度愈敏感，则会感受到被关注资源摄入量越多。相反，若个体频率较高地回忆或在意人际关系负性事件，或经常对人际负性事件敏感，则不利于主体生成积极情绪，对人际获得感水平具有消极的作用。可见，在我们日常人际交往过程中，个体要对正性人际事件时刻保持敏感的心理状态，对负性人际事件要经常保持迟钝的心理状态，从而进一步促进主体对关注的感受能力及其积极情绪的生成。从信息摄入的外部环境来看，社会性关注资源对主体人际获得感心理建设也同样具有重要的意义。主体受外部关注资源越多，则主体获得的积极情绪将会越多，从而有利于个体心理保健。相反，将会感受更多的消极情绪，不利于主体心理健康发展。例如，孤单感、抑郁情绪偏多等消极情绪。因此，在大学生人际实践过程中，主体要积极主动地做出人际交往行动，化被动为主动，力争在人际交往环境中备受关注，并获得他人能够熟知自我的姓名以及基本信息情况。综上所述，大学生在现实生活人际交往过程中，要不断关注积极的人际事件，并主动提高人际行为表现力，从而为获得关注感提供重要的人际心理基础。

（二）塑造健全的自我意识，着力提升自我重要感

我是谁？我是一个怎样的人？我想成为怎样的人？我能改变自己吗？人类在不断探索世界的同时，也在对自身进行探索。每个人都渴望了解自己，把握自己。但是正确认识自我并不容易。古希腊哲学家苏格拉底认为，"认识你自己"是人类的最高智慧，是人类永恒的课题之一。对自我的认识正确与否，是大学生心理健康水平的重要标志，也是影响和制约一个人的人生选择和行为取向的关键因素。努力探求"自我"的世界，学着正确认识自我、接纳自我、把握自我、完善自我、实现自我，对于大学生健全人格的形成和心理的健康发展具有重大意义。自我意识即人对自己及对自己与周围关系的体验与认识，是人类特有的高级心理活动形式。它包括自我观察、自我评价、自我体验、自我设想、自我监督、自我控制、自我塑造等多种形式。其中自我观察、自我评价属于对自我的认识，主要回答"我是一个什么样的人"及"我为什么会成为这样的人"；自我体验主要指在自我评价的基础上对自己所持的态度，涉及"我对自己是否满意"以及自尊、自爱、自信、自卑等范畴；自我设想是自己希望达到的理想自我的标准，即"我想成为什么样的人"；自我监督、自我控制和自我塑造则主要表现为能否调整自己、把握自己，用行动证明"我能成为什么样的人"。

1. 大学生要塑造健全的自我意识

（1）正确认识自我，全面评价自我。正确认识与评价自我是自我调控的重要因素，是塑造、完善自我意识的基础。大学生对自己的存在价值、想法、愿望、动机、品德、个性特征以及自己的所作所为有一个正确、全面的认识与评价，就能够取长补短、控制自我、发展自我和完善自我，就能够提高自己参与社会的积极性，协调自己与他人的交往，处理好个人与社会、个人与他人的关系。否则对自己评价过高或过低，不能全面地、恰如其分地评价自己的心理和行为，势必不能发扬长处，也不利于克服弱点，从而造成人际关系的不适应。真正认识自己、全面评价自我并非易事。大学生可以从以下几个方面努力：第一，从与他人的比较中认识和评价自己。个人认识与评价自己的能力、自己的

价值、自己的品德以及个性特征往往是通过与他人的比较而实现的。一般而言，一个人总是通过与自己条件相似的人做比较来评价自我。第二，从他人对自己的态度中认识和评价自我。人们总是要与他人交往的，在相互交往中，不断深化对自己的认识，同时也在认识和评价他人。在评价他人的过程中，也接受他人对自己的评价。第三，通过反省自己的心理活动和行为来认识和评价自我。研究表明，自我评价是不完全以他人评价为依据的，而是通过自我分析独立完成的。大学生必须经常反思自我，勇于并善于将自我作为一个认识的对象，严于解剖自我，敢于批评自我。第四，积极参与实践活动，借活动成果认识和评价自我。大学生均有各自潜在的天赋和才能，如果不加以发现和发展，就可能被淹没，甚至连他们自己也不知道。因此，大学生应打破自我封闭，积极参加多方面的实践活动和社会交往，使自己的各种天赋与才能有机会表现出来，取得优异的成绩，被自己所认识，以便进一步全面评价自我和发展自我。第五，客观、辩证地认识与评价自我。大学生不论在与别人的相比较，或从他人对自己的态度中，或通过自我反省等获得关于自我的信息，都应该进行分析、综合与比较，实事求是地全面评价自我，不要以偏概全，不以一时一事做结论。

（2）欣然接受自我，恰当展示自我。对大学生来说，认识自我固然不易，接受自我、展示自我常常更难。欣然接受自我，就是对自己本来的面目抱以认可、肯定和喜悦的态度。其意义表现在两个方面：一方面，悦纳自我有助于心理健康，一个不能悦纳自我的人就不会自然地展示自我，竭力掩饰自己的真实面貌，希望给别人一个与己不同的印象。这就必然带来沉重的心理负担，他要时时防备，别让自己的真实面目暴露出来，他要装扮得像。生活变成了演戏，长此以往，势必有碍于心理健康，甚至引起心理疾病。另一方面，悦纳自我、展示自我有助于密切人际关系。自我展示是表达情感和才华的一种渠道。人们在交往中，你想了解别人，就必须首先让别人了解自己，展示自我。向别人展示自我，就表明你信任他，从而取得别人的信任。只有这样，才能建立彼此信任的、密切的人际关系。一个不肯接受自我的人，往往不能欣然接受别人，对他人抱过分警惕的态度，势必造成人际关系的紧张。如何欣然接受自我？第一，要全面、客观地评价自己固然有短处，但更多的是有很多长处。即使短处也总有一定的限度。因此，万万不能只看到短处，否定自己，也不能只盯住短处，将它轻易扩大，认为自己一无是处。大学生对自己的评价要恰到好处，既不要夸大，也不能贬低。骄傲固然不好，妄自菲薄也非常有害，不利于欣然接受自我。第二，对自己实施积极的心理暗示。心理暗示是用含蓄、间接的方式对别人的心理和行为产生影响。心理学研究发现，心理暗示的作用是巨大的，不但能影响到人的心理和行为，还能影响人体的生理机能。人的自我概念实际上就是在童年和青少年时期外界各种暗示的综合作用下形成的，我们接受了来自家长、教师、同伴等的评价和话语，累积而成为我们的自我概念。这些外界的暗示，有的是积极的，给我们以信心和力量；有的是消极的，阻碍了我们进步和成长。作为一个孩子，接受别人对你的评价并对自己形成暗示作用是很自然的事。然而作为一个成年人，大学生的思维已经具备独立性和自主性，应当在学习和生活中，理性地分辨外界暗示的积极与否，自觉抵制消极暗示，主动对自己进行积极暗示。例如，不对自己说"我真笨""我真倒霉""我不行"等消极语言，代之以"我能行""我选择""我想要"等积极类语言；早晨刚醒来和晚上将入睡时，进行冥想练习，想象自己实现了心中的愿望或获得了成功；或将自己理想的自我形象具体成文字，如"自信、积极、微笑、乐观""我的朋友喜欢我""我比以前更能控制自己的愤怒"等，每天大声读几遍，坚持一个月。你还可以自己创造一些对自己实施良性自我暗示的方法。你会发现自己期望中的积极形象正在慢慢变成现实，而你越来越能够接纳自己、喜欢自己了。第三，要正确对待过往失败的经历。每个人在人生中都会遭遇挫折和失败，没有人永远一帆风顺。但是人们对待挫折和失败的方式不同，有人能从失败中寻找经验，视挫折为财富，继续努力追求成功；有人则在失败时情绪低落，怨天尤人，灰心丧气，甚至精神崩溃。造成这种差异的原因主要在于有无自信心和辩证的观点。强烈的自信心能够最大限度地激发人的潜能，促进成功；而"失之东隅，收之桑榆"的辩证观，则能使人自觉地通过努力来补偿自己的不足，往往能取得特别的成功。大学生要做到悦纳自我，应正确地对待失败，记住"失败是成功之母"，不放弃努力，不放弃自己，做生活的强者。

2. 努力塑造自我，积极超越自我

认识自我、接纳自我的最终目标，是为了塑造自我、超越自我。只有自觉地塑造自我的大学生才能更好地发挥人所特有的自我教育的功能。柏拉图说过："最先和最后的胜利是征服自己。只有科学地认识自我，正确地设计自我，严格地管理自我，才能站在历史的潮头去开创崭新的人生。"人最大的竞争对手是自己。因此，只有理智地分析自我，在了解自身潜力、优势的基础上，按照自己的特性去发挥自己的潜能，做适合自己的事情，把优势发挥到极致，不断地超越自我，才能最大限度地实现自身价值。超越自我就是对自身能力或素质的突破，是对自我的完善和自身潜能的激发，是健全自我意识的终极目标，需要一个人长期积极不懈地努力。

（1）努力提高现实自我。马克思说："人总是在不断地否定自己中完善自我、超越自我的。"这种否定自己，要求人们不断战胜旧的自我，不断进步，让自己每一天都比昨天好，努力做"最好的自己"。"做最好的自己"是美国钢铁大王安德鲁·卡耐基的座右铭。他 12 岁时在一家纺织厂当工人，当时他的目标是"做全厂最出色的工人"，结果他做到了。后来命运又安排他做邮递员，他又想"做最杰出的邮递员"，这一目标也实现了。他的一生总是在根据自己所处的环境和地位，塑造最佳的自己。曾做过日本邮政大臣的野田圣子最初的一份工作是在酒店打扫洗手间。她的信念是"就算一生打扫洗手间，也要做一名打扫洗手间最出色的清洁工"。杰出人物几乎都是从平凡做起，从做好身边每一件事做起的，无论对人对事，均全力以赴，使自己的能力和品性得到最大限度的发挥。一个人能做到"最好的自己"，就是人生的成功，就能获得最高层次的快乐，即自我实现的快乐。完善和超越自己是一步一步实现的。大学生要在树立正确的价值观的基础上，端正人生态度，脚踏实地，不求速成，努力做最好的自己，使现实自我不断向理想自我靠拢，才能找到自己的成功之路。

（2）努力发掘与充分利用自己的潜能。每个大学生都应该努力挖掘自身潜能，开发自我、激励自我。心理学的相关研究表明，脑是心理的器官，人的心理是脑的机能。大脑为自我超越提供了无限发展的可能性。每个人都拥有自己的特有潜能。人与人之间除了有共同尚未充分利用的大脑潜能之外，还有着与他人不同的身心特点，如感觉器官的结构与功能，神经活动的特点等。如前所述，大学生应通过各种活动发掘自己的天赋与潜能，并加以发扬光大，这是塑造自我与超越自我的重要条件。

（3）努力奋斗，有效地调控自我。自我控制是指人主动地、定向地改变自己的心理品质、心理特征及行为的心理过程，是大学生健全自我意识、完善自我的根本途径。塑造自我、超越自我是一个不断实践的过程。有效地调控自我是塑造自我与超越自我的根本途径。大学生在追求理想、塑造自我的过程中，应根据社会需要和自己特点将确定的远大理想分解成符合实际的、经过努力可以达到的子目标，将长远目标与阶段目标结合起来，循序渐进，逐步加以实现。排除大而无当、好高骛远的想法，对切实可行的目标、力所能及的事情，要切切实实地去做。把塑造自我和超越自我的意识贯彻到每一个具体的行动中去，集中精力，从一点一滴的小事做起。在塑造自我与超越自我的过程中，还要增强自信心与自制力。一个人在学习、工作和生活中，都不可能是一帆风顺的。自我调控是自我意识在意志中的表现，是有明确目标的实际行动与环境相互作用的过程。自制力强的人能够理智地对待周围发生的事件，有意识地调控自己的思想和情绪，约束自己的行为，成为驾驭现实的主人。大学生应不断提高自己的自信心与自制力，即使遇到暂时的困难和曲折，也要找到问题的症结，以顽强的精神力量战胜惰性，艰苦奋斗，坚持不懈地在不断克服困难、实现理想的过程中，塑造与超越自我。

（4）增强自信心。自信心指个体相信自己能力的一种自我意识倾向，是在客观地认清自我的现状之后仍然保持的一种昂扬斗志。马斯洛说："实际上，绝大多数人一定有可能比现实中的自己更伟大些，只是缺乏一种不懈努力的自信。"自信是追求自我完善的人必须依赖的精神力量。因为自信，才会相信自己的选择，才会坚持到底，直至达到自己的目标。提升自信的方法有很多。例如，身心互动原理告诉我们，改变我们的动作和身体状态，就可以改变情绪，调整心态。要想自信，可以先假装自信：雄赳赳、气昂昂，双眼有神、走路快速、腰板挺直，渐渐地，你会真的对自己感到自信。另外，从提升自信的角度，可以说"失败是成功之母"，因此不要太在乎别人的想法，做好自己的事情，尝试一些新的经历，或者做自己本来很害怕做的事并获得成功体验，都可以帮助我们从小的成功逐步走向大的成功，获得自信。对自己进行良性暗示，用正面的自我评价来肯定自己，以及想象成功等，都可以增强我们的自信心。自信是一种可以习得的品质，只要不断练习和尝试，便可以一步步体验到更自信的感觉。

（5）积极参加社会实践。自我完善的努力最终还要付诸实践。只有在实践中才能了解生活的各个侧面，才会发现自己身上的潜能，并在不断的尝试中使自己逐步变得更加优秀、更加完善。在实践中，要学会用乐观的情绪和积极的心态对待问题，客观公正地看待事物，增强自我意识中的理性成分，消除偏激和肤浅，认清自己的责任和义务，确立科学的人生观、价值观，用学到的知识和智慧为社会服务，才能使自己的人生价值得到最大限度地体现。

（三）主动发起积极行为，注重培养自我信赖意识

信赖意识是客体对主体存在的一种价值认同、能力认可、关系依恋的集中体现。信赖意识注重强调主体对客体的积极作用，是主体信息输出，使得客体获益的心理过程。通过对大学生人际获得意识各维度调查显示，信赖子维度其得分表现处于中等水平，说明主客体关系之间存在一定程度上的信赖问题。也就是说，从个体的角度而言，主体的行为表现可能在很大程度上决定了客体对主体的态度和行为倾向。主体对他人的态度积极乐观，尤其是在他人处于情绪低落、境遇困难等逆境状况下，个体能够主动给予关心和帮助，则有利于建立和维持良性的人际关系，从而在信赖关系上进一步强化客体对主体的积极态度和重视信念。相反，若主体对客体的困境在认知上不友好或者存在归因偏差现象，在情绪情感上采取冷漠、自我封闭等消极应对方式，甚至在行为上表示敌意退缩，则不利于主体建立积极的人际关系，进而导致交往客体对主体形成不良的人际互动模式即主客体信赖感心理失调严重。因此，个体主动发起积极行为或助人行动，对调整交往客体对主体的积极认知和态度倾向，以及培养自我信赖意识具有重要的意义。主体对客体主动发起积极行为，主要表现在三个层

面：身体语言层面、言语层面、行动层面等三级利他行为。三级层面上的利他动机和行为，集中体现了一种螺旋式上升的心理发展特点。

身体语言层面上的利他行为，主要体现在个体通过微表情、肌体动作等方式以表达对交往客体的尊重、理解及友好态度。例如，眼神能充分地表达个体对客体的尊重、理解和欣赏，微笑集中体现了主体对客体的一种认可、欣赏、友善的积极信息，而拍肩膀、拥抱等微身体动作则传达了一种对交往对象的尊重、理解和社会支持等友好关系。另外，有效的倾听是身体语言中积极建立人际关系的重要条件。在交流中，双方身体语言的自然一致（非刻意模仿）即情感共鸣使得人们能够顺利交流。具体表现有上扬的眉毛、快速变换的手势、呈现时间极短的面部表情、迅速调整的语速和变化的目光等，这样的协调性使我们能够顺利交流。如果协调性强的话，就会产生和谐的人际关系。我们所说的话必须和交流对象的感受、话语及行为在相同或相近的模式中，否则，我们的话语就会让对方感到唐突和难以接受。当一个人喋喋不休不让他人插话时，表明他只想使自己的表达欲望得到满足，而没有考虑对方的需求。真正的倾听需要体察、配合另一方的感受，给对方发言权，由两人共同决定谈话的进程。交流双方只有做到彼此认真倾听，才能根据对方的反应和感受来调节自己的话语，从而使沟通真正有益于双方。有效的倾听，要求我们能设身处地地去体会对方的感受，给对方真诚的反应，例如复述或总结一下对方说的要点，问一些问题，寻求对方的反馈，等等。其实做到有效倾听并不难，一次 5 分钟的对话也可能成为完美的交流过程，但前提是你必须停止手头的工作，放下你正在看的微信文章，离开你的电脑摘下耳机，把注意力集中到你的交流对象身上。这种由认真倾听带来的情感适应有利于打造和谐的人际关系。关注他人会使我们双方达到最大限度的心理一致，这样的情感才会协调。在交流中，一个人如果全神贯注，他的交流对象肯定能感觉到他的专注。另外，印象管理是一种人际交往策略。人们通过衣着打扮、表情动作会给第一次见面的人留下大体的印象，这些细节反映了我们想要与别人保持哪种类型的人际关系。例如，当你迎接一个人时，你会和他打招呼、挥手、握手、点头微笑、拥礼。你选择的方式自然地揭露了你与这个人的关系。在校园生活中印象管理的例子也非常普遍。

穿戴整齐、精神饱满地踏进校园；一个平时在家很少做家务的孩子却常常会在班级值日时干得热火朝天；一个平时生病怕打针的孩子在学校打预防针时却表现得坚强……他们常常有意无意地向他人呈现一个自己希望向他人展现的形象。可见，精致地微表情和肌体动作互相组合在某种程度上能够充分地表达主体价值及其功能，以及对交往客体的友好态度，从而反过来将进一步强化客体对主体的积极反应，形成具有主体价值感的信赖意识。

在传达情绪上非语言行为要比语言表达更有效，但有时候用语言表达情绪是必要的。人们体验到的大多数情绪都具有不同的强度，语言可以更精确地表达这些不同。研究者已经证实，如果一个人无法与别人建设性地谈论情绪，这个人就可能会出现很大的问题，包括被社会孤立、人际关系不和谐、产生焦虑和沮丧的感觉，以及出现隐忍的攻击行为等。不仅如此，其他的研究者也证实，父母对待儿童情绪的方式对儿童的发展有深远的影响。研究者确认了两种教养子女的类型即"情绪教导型"和"情绪疏离型"，情绪教导型的教养会提升儿童在日后生活中的沟通能力，并使其打造更满意的人际关系。主动的建设性回应（Active Constuctive Responding，ACR）是一种主动的、有积极情绪反应的、有进一步交流的回应方式，在这个过程中主体真诚地为交往客体感到高兴，并把自己的这种积极情绪展现出来。与被动性、破坏性回应相比较而言，主动建设性回应向人们传递着两种信息：第一，主体认可交往对象在这件事上的重要性，认可交往对象与这件事的关系，认可交往对象的付出；第二，主体看到了这件事对交往对象的意义，对此主体做出一些回馈和反应，从而展现出主体与客体的积极关系。盖博（Shelly L. Gable）研究表明，人们在发生好事的时候能否获得他人支持回应在人际关系中起着重要的作用。尤其是主体做出主动的建设性的支持回应，对主客体建立积极关系具有正面的导向。可见，主体积极表达善意是建构良好人际关系的重要沟通桥梁，对主体培养客体自我信赖感具有促进作用。

主体在行动层面上表现出的一种利他行为，亦可称为"助人为乐"。从利他奉献涉入程度来看，身体语言和言语层面上的友好关系，是仅停留在认知层面上的一种利他表现。而"助人为乐"不仅具有认知和情感层面的积极参与，而且将认知和情感两元素互相渗透、交互影响、深入内化为善良意志和品格，并外化为助人行动。助人为乐是一种高尚的道德境界，是主体品格优势和美德的重要体现。优势不仅能帮助自我实现，而且也会激励和促进他人成长和进步，使人生更加美好。发挥主体助人为乐的品格优势和美德，对提高自我人际吸引、人际获得感具有重要的积极作用。品格优势与美德本身就具有人际吸引的社会效应，因而大学生在社会实践过程中，要积极利用学校、社会搭建的教育平台和优势资源，不断创建利他社会活动，并积极参与到志愿服务中去，在社会实践活动中自觉培养助人为乐的优秀美德或积极特质。

第二节　锤炼大学生人际获得能力

大学生人际交往的知识与技能是影响大学生人际获得能力的基础，也是提升大学生人际获得感的重要内容。具有扎实的人际交往的理论知识和熟练的人际交往技能，是提高大学生人际获得能力的前提条件，对大学生人际获得能力以及人际获得感整体水平的提升具有重要的现实意义。本小节将根据大学生人际获得能力的现状，结合大学生人际交往的特点，形成具有针对性的锤炼大学生人际获得能力的方法和教育措施。

一、　大学生人际交往的原则

人际交往是人类生存的方式，没有人际交往便没有人类社会。在现实生活中，大学生的人际关系是多种多样的，既有同学关系、师生关系，也有室友关系、朋友关系等类别。基于不同类型的人际交往情景，其人际交往的基本原则是具有实践可循的，它们是人际交往的前提和基础。

（一）形成正确的人际交往态度

大学生要建立良好的人际关系，必须具备适度的自我价值感，只有具备独特的自我价值和尊严，才能理解他人的独特价值并懂得尊重他人，是否具有这种适度的自我价值感，往往会影响人际交往的模式。美国著名的心理学家爱利克·伯奈（E. Berne）依据对自己和他人所采取的基本生活态度，提出了四种人际交往的心理模式：我不好—你好，我不好—你也不好，我好—你不好，我好—你也好。

（1）"我不好—你好"的心理模式

该种心理模式在大学生的人际交往中表现为自卑，甚至是社交恐惧。著名心理学家阿德勒认为，人在生命的初期是依赖周围的人而生存的，与周围的成人相比，儿童常感到自己不行，因而从小就有自卑感。处在心理成熟过程中的一些大学生，尚未完全摆脱儿童时期的那种心理模式，在人际交往中会不同程度地表现出自卑心理，严重影响了大学生人际交往心理的正常发展。

（2）"我不好—你也不好"的心理模式

该种心理模式在大学生人际交往中通常表现为不喜欢自己也不喜欢别人，看不起别人也看不起自己，它会导致其人际关系紧张，比较孤僻，并且阻碍了大学生的人际交往，也不利于大学生的心理健康。

（3）"我好—你不好"的心理模式

该种心理模式在大学生人际交往中通常表现为以自我为中心，总认为自己是对的，而别人是错的，把人际交往中失败的责任推到他人身上，常导致自己固执己见、唯我独尊。这种人际交往心理模式不利于大学生建立良好的人际关系。

（4）"我好—你也好"的心理模式

该种心理模式在大学生的人际交往中通常表现为相信他人，能够接纳自己和他人，正视现实，并努力去改变他们能改变的事物，善于发现自己和他人的优点与长处，从而使自己保持一种积极、乐观、进取的心理状态，是一种成熟、健康的人际交往心理模式，有助于大学生建立良好的人际关系。

（二）把握人际交往的一般原则

人的行为都是在一定的观念指导下进行的。积极、全面而良好的人际交往认知是健康交往的基础。为了使自己的人际交往行为引起交往对象良好的反应，引发积极的人际交往行为，在人际交往中应遵循一定的原则。

（1）平等原则。平等是建立良好人际关系的前提，也是人际交往的第一原则。社会心理学的研究发现：人际关系的基础是人与人之间的相互支持、相互重视。大学生来自祖国的四面八方，年龄、经历、知识结构、文化水平相似，虽然家庭出身、经济状况、个人能力有所不同，但并无高低贵贱之分。无论年级高低、学习成绩好坏、家庭条件好坏，大学生之间的人际交往都应做到平等待人、坦诚相见，任何一方都不能把自己的意志强加给对方。如果自我感觉良好，趾高气扬，盛气凌人，缺乏对人起码的尊重，最终将导致群体避而远之，不为他人所接纳。而个别同学如果自卑心理过重和自我封闭过严，总觉得低人一等，缺乏人际交往的勇气和信心，也难以获得良好的人际关系。只有平等相处、将心比心、以情换情，达到相互间的心理平衡与理解，才会使人际关系更加和谐和融洽。

（2）尊重原则。每一个人都有自尊心，都希望别人的言行不伤及自己的自尊心。自尊心的强弱是以自我价值感来衡量的。自我价值感越强烈，则自尊心就越强；自我价值感越不强烈，则自尊心就越弱。大量的心理学研究证明，任何人在人际交往过程中都有明显地对自我价值感的维护的倾向。例如，当我们取得成绩时，会解释为这是自己的能力优于别人的缘故；当别人取得了成绩而我们没有取得成绩时，又会解释为别人仅仅是机遇好而已。这样的解释就不至于降低自我的价值感，伤及自尊心。人的自我价值感主要来自人际交往过程中他人对自己的反馈。因此，他人在人们的自我价值感确立方面具有特殊的意义。别人的肯定会增加人们的自我价值感，而别人的否定也会直接威胁人们的自我价值感。因此，人们对来自人际关系世界的否定性的信息特别敏感，别人的否定会激起强烈的自我价值保护倾向，表现为逃避别人或者否定自己，以维护自己的自尊心。因此，我们在与别人交往时，必须对他人的自我价值感起积极的支持作用，维护别人的自尊心。如果我们在人际交往中威胁了别人的自我价值感，就会激起对方强烈的自我价值保护动机，引起别人对自己的强烈拒绝和排斥情绪。此时，我们是无法同别人建立良好的人际关系的，已建立的人际关系也会遭到破坏。

（3）互利原则。人际交往是满足需要的途径。互利是指交往双方都应从交往中获益，一方满足另一方的需要，同时也能得到另一方的回报。"有来无往非礼也。"互利是友谊的表现，不能将互利原则曲解为功利主义。互利原则是建立和维持良好人际关系的重要原则。如果一方只索取不给予，或只给予不索取，就容易使另一方或者认为自己被利用，或者误解对方的诚意不足，不愿进一步与之交往，交往过程就会中断。事实证明，交往中互利性越高，双方的关系就越稳定、越密切。人际间的互利包括物质和精神两个方面。大学生在人际交往中，应遵循互利原则，在情感上相互支持，在物质上相互帮助。当别人遇到困难的时候，我们及时伸出援助之手，像雪中送炭一样给别人以物质或精神的帮助；当我们遇到困难的时候，别人也会以同样的热情帮助我们。有的人在交往过程中以自我为中心，只顾自己不顾别人，这样是不利于人际交往的。正如孔子所说："己欲立而立人，己欲达而达人。"

（4）真诚原则。交友之道在于豁达与坦诚，只有将自己的真心放入别人的手心，才会赢得友谊。真诚是大学生高尚品德的重要体现，也是大学生在人际交往中最有价值、最重要的一种特征。美国的一位心理学家曾于1968年设计了一种测试量表，列出500多个描写人品的形容词，让大学生指出其中哪些人品他们最喜欢，哪些最不喜欢。结果学生评价最高的品质是真诚，在8个评价最高的形容词中有6个和真诚有关，即真诚、诚实、忠诚、真实、信赖和可靠，而评价最低的品质中，虚伪位居第一。由此可以看出，大学生在人际交往中最看重的是真诚，只有真诚，才能使对方放心，赢得对方的信任，彼此才会建立深厚的友情。

（5）宽容原则。宽容表现在对非原则问题不斤斤计较，能够大度容人，宽以待人，求同存异，以德报怨。宽容有助于扩大人际交往空间，滋润人际关系，消除人与人之间的紧张和矛盾。在人际交往过程中难免会遇到一些不愉快的事，如果耿耿于怀，必然导致恶性循环；反之，如果相信绝大多数人都是可以良心发现的，从而虚怀若谷，宽容别人，则别人迟早也会原谅自己。所以，不能因为一点小事就与同学发生激烈的冲突，甚至动起拳脚，产生从此不与他人交往的想法。要学会宽容、忍耐和克制，要承认每位同学之间的差异，允许不同的思想观点、见解和行为方式的存在，要用宽容心态去对待别人的错误与缺点，不斤斤计较或盲目对抗。宽容是赢得友谊的重要条件，没有人愿意与一个心胸狭窄、气量小、多疑善变的人做朋友。能以宽容的心态、博大的胸怀接纳各种各样的人物和观点，求大同而存小异的人，会给朋友以心理上的安全感，自己也会在与朋友的交往中获得愉快的体验。

（6）信用原则。信用是指一个人诚实、不相欺、遵守诺言，从而取得他人的信任。随着我国改革开放步伐的加快和社会主义市场经济的逐步建立，现代社会竞争日趋激烈，在此背景下，信用原则就显得尤为重要，并关系到一个单位或个人的社会声誉及事业成败。对大学生来说，信用是大学生立足校园和社会的第二张身份证。在大学学习期间，凭借个人信用，可以申请国家助学贷款，解决学费和生活费所带来的经济困扰。在与同学的交往过程中，凭借个人信用，可以取得他人的充分信任和认可。一个不讲信用的人是很难赢得别人的信任、接纳与友谊的，也很难建立良好的人际关系。

二、 大学生人际交往的技巧

人际交往的技巧是多种多样的，下面介绍几种简便易行且行之有效的基本技巧。希望大学生以此为基础，在交往实践中发展出更多适合自身的交往技巧。

（一） 调整好人际交往的尺度

任何事物都有一个度，也就是事物保持自己特质的数量界限。如果超过和破坏了这个度，就会改变事物的性质，带来不良的后果。人际交往上的度是指保持良好人际关系所需把握的方向、广度、深度、距离、频率等。

（1）人际交往的方向要明确。大学生的交往对象与其以往所面对的人群有很大的不同，无论是年龄、背景等，复杂性要大得多。刚入校的大学生，特别是独生子女大学生，思想相对来说比较单纯、不够成熟，因此在人际交往过程中，对于同哪些人交往、交往的目的是什么等交往方向不够明确。而交往方向不明确会直接影响人际关系的健康发展。例如，大一新生张某，在一次偶然的机会认识一名外校的老乡，该老乡是某医学院二年级的学生，英语学习成绩较差，在英语四级考试中请张某代考，张某碍于老乡关系、朋友的义气，再加上自己英语基础较好，就答应代考，结果被监考老师当场发现，受到勒令退学的处分。

（2）人际交往的广度要适当。大学生已经充分认识到人际交往的重要性，每个人都有自己能够亲密交往的交际圈，这是非常好的现象。但如果仅限于自己的交际圈，形成排他性，疏远可交的益友，就不利于信息渠道的畅通，妨碍了正常交往。另外，大学生交往的范围也不要太广，如果人数太多，范围太大，必然会分散自己的精力，影响学习，结果是得不偿失。

（3）人际交往的程度要适度。首先，人际交往的时间要适度。在人的社会性需要中，除了交往、友谊以外，还有工作、劳动、学习、事业等为社会做贡献的内容。当然，必要的人际交往有利于事业的开展但也应看到，两者在时间和精力上又存在着矛盾，因此，在时间分配上，需要把握合适的"度"。大学生的主要任务是学习，学习需要投入大量的时间和精力，因此要防止因过于强调人际交往的重要性而投入太多的时间和精力。其次，人际交往的距离要适度。有的学生在人际交往过程中表现为关系好时形影不离，不和时即互相攻击，老死不相往来，这对双方的心理健康和人际关系发展都不利。在人际交往中，应该疏密有度。最后，与异性交往要适度。正常的异性交往有助于大学生的身心健康和人格发展。如果大学生过分沉迷于尚不成熟的异性恋情，就会疏于学习和参加丰富多彩的社团活动，减少了与其他同学接触的机会，影响了自己的进步与发展。

（二）掌握人际交往的技巧

人际交往是一种能力。在人际交往中需要具备一定的技巧。人际交往技巧可以通过学习和训练来提高。下面介绍几种人际交往的技巧。

（1）给人以真诚的赞美。赞美别人能够赢得朋友。人人都有优点，都有值得赞美的地方。同时，人人也都喜欢受到别人赞美。赞美，使人感到被认同，使人感到被尊重，使人体验到自身的价值，能满足人的心理需要，因而人们对赞美者也会报以感激之情和友善的回应。遗憾的是，在现实生活中人们往往忽视了赞美的意义，对此不屑一顾，甚至把赞美看作"拍马屁"，不愿赞美别人。我们不仅要乐于赞美别人，还要善于赞美别人。赞美别人应注意以下两点：第一，赞美要发自内心。只有真心的赞美才能赢得对方的好感，虚伪的赞美只能引起反感，或者被认为是别有用心。要做到真心赞美，需要一颗关注别人的爱心，需要能发现别人优点的慧眼，需要有欣赏别人优点的胸怀。第二，赞美要恰如其分。只有恰如其分的赞美才能收到应有的效果，言过其实、过分夸张或者无中生有的赞美，会起反作用，使人感到不安，甚至有讽刺挖苦之嫌。所以，赞美别人要实事求是，要注意分寸，以使被赞美者能够坦然接受。

（2）给人以友善的微笑。在与同学的交往中，真诚的微笑往往会给人留下美好而深刻的印象。密歇根大学的心理学家詹姆士·麦克奈认为，有笑容的人在从事管理、教学、经商等职业时会更有成效。美国著名心理学家卡耐基在《人性的弱点》一书中写道："你的笑容就是你善意的信号。你的笑容能照亮所有看到它的人。对那些整天皱眉头、愁容满面、视若无睹的人来说，你的笑容就像穿过乌云的太阳，尤其对那些受到上司、客户、教师、父母或子女压力的人，一个笑容能使他们心情愉快，觉得这个世界快乐无比。"当然，我们所说的微笑是指真正的微笑。真正的微笑是真诚的、发自内心的，只有这种微笑才能给人以温暖的感觉。

（3）记住对方的名字。记住对方的名字，并叫对方的名字，等于给对方一个很巧妙的赞美。在人际交往中，若是把对方的名字忘了或写错了，就会令自己处于非常不利的地位。事实上，记住对方的名字，说明对方在你心目中是重要的、有地位的、有分量的。这会使对方获得一种被人重视的成就感或被人记住的亲切感，这就等于赞赏了对方、肯定了对方。如果你想得到别人的喜欢，请记住别人的名字。

（4）保持适当的交往距离。我们都喜欢用"亲密无间"这个词来形容很要好的朋友，其实真的到了亲密无间的程度往往会适得其反。朋友之间保持一定的距离是很有必要的。只是不同程度的朋友，其距离的大小可以有区别。这里所说的距离，是指应有的礼貌和尊敬。有些人一旦与人熟悉了，就丢掉了分寸感，进入了所谓不分彼此的境界。物极必反，一旦到了这种程度，友情就容易走向反面。因为一旦没有了距离，就会侵入别人的私人空间，给人造成不悦；没有了分寸，就会把一些看似很小但实际上挺重要的问题放到无关紧要的位置，可能增加误会或摩擦。

（5）切忌自我投射。自我投射是指内在心理的外在化，即以己度人，把自己的情感、意志等特征投射到他人身上，以为他人也如此。自己想做什么事，就以为别人也同自己一样想做；自己不想做什么事，便认为别人也和自己一样不想做。对自己喜欢的人越看越喜欢，对自己不喜欢的人越看越讨厌，因而就会表现出过度地赞扬和美化自己喜欢的人，过分指责甚至中伤自己厌恶的人。自己对某人有看法，就认为对方也在跟自己过不去，结果往往会对他人的情感、意向做出错误的评价，造成人际交往障碍。大学生在人际交往中，应注意避免自我投射倾向，正确地理解别人。对别人的行为，不要轻率地下结论，应多观察、多了解、多分析，任何时候都不要完全以自己的立场和标准去推断他人，必要时应设身处地地站在别人的立场上想问题，才能在人际交往中减少失误。

（6）形成良好的交往风度。风度是一个人心理素质和修养水平的外在体现，它能够反映一个人的道德品质、学识教养、人格态度，直接决定个体在他人心目中的形象。大学生应形成以下良好的交往风度。

首先，给人留下美好的第一印象。第一次见面给对方留下什么样的印象是非常重要的，往往是决定双方是否继续交往的关键。一般在首次交往中，最容易引起别人注意的是对方的精神风貌，如长相、面部表情、身体姿态、言语、行为表现、衣着服饰等。这些因素综合在一起构成人们的仪表吸引力。在人际交往中，应尽量使自己的仪表符合当时扮演的角色，即在不同的场合、针对不同的人，伴以不同的表情、姿态、语调。该严肃的时候严肃，该放松的时候放松，衣着要干净整洁，这是获得对方初步好感、给人留下美好印象的有效方法，也是成功交往的第一步。

其次，善于交谈。交谈成功与否不仅取决于交谈的内容，而且取决于交谈的方式、方法。大学生在与别人交谈时应掌握如下一些技巧：谈话时让对方先说，可以显示自己的谦逊，并借此机会观察对方；最好不要谈论对方的隐私和忌讳的话题，谈话中要显示自己的谦虚，让对方接受；谈话态度要坦诚；在适当的时机可以说一些幽默的话或笑话以活跃气氛；在几个人一起交谈时，不要把注意力集中在一个人身上，要注意平衡等。

再次，善于倾听。学会倾听是一项重要的交往艺术。我们在谈话过程中常常有一种冲动，想把自己心里的话全都说出来，因此对别人说的话心不在焉，甚至急不可待地打断对方的讲话。这种举动虽然能够带来一时的畅快，但却丧失了许多与人深交的机会。因为只谈论自己，所想到的也只有自己，这是不受别人欢迎的。要知道，跟你谈话的人，对他自己的问题和需要可能更感兴趣。所以，在人际交往中，注意倾听别人的诉说，比我们自己诉说更为重要。注意倾听是对对方关心、理解和尊重的表现。通过倾听，我们能够了解对方的困难，了解对方的需要，分担对方的痛苦，减轻对方的烦恼，为对方提供必要的帮助；通过倾听，我们能够知道对方的处境，知道对方的想法，设身处地理解对方，消除不必要的误解；通过倾听，我们能够以谦虚的态度赞赏对方的成就，承认对方的价值，使对方感受到被认可和接纳，感受到被肯定和尊重。首先，要集中注意力，专心听对方讲话，不要心神不定，左顾右盼；其次，要做出相应的反应，通过言语和表情表示自己明白对方的意思，鼓励对方继续说下去；最后，要做必要的引导，有意识地强化某些主题，淡化另一些主题，引导谈话方向。

最后，态度诚恳大方。无论对待什么样的交往对象，都应该持平等、诚恳、大方的态度。如果言不由衷，就会给人留下不好的印象。另外，人与人之间有时会产生没有恶意的冲突，这时就需要以幽默来化解。例如，日本国会有一个议员，只有一只正常的眼睛，有一回他在外交委员会就国际局势进行演讲时，讲了半个小时，有人受不了站起来说："这位老兄，国际局势这么复杂，我们两颗眼珠都看不懂，你一颗眼珠能看出什么名堂？"面对出言不逊的话语，这位议员并不生气，他说："这位仁兄，请你坐下来，国际局势固然复杂，但本人一目了然。"轻易地化解了双方的冲突。

（7）增强人际吸引力。我们可以运用一些技巧来增强自己的吸引力。例如，创造条件让双方在时空上更为接近，多找机会接触对方，了解对方的兴趣爱好、文化水平、个性特征、社会背景等各方面的信息。寻找彼此相似的因素，多谈论对方感兴趣的事情，对对方的观点、看法给予适当的支持。了解对方的需要和弱点，善于利用自身的优势满足他的需要，弥补他人的缺陷。在人际交往中尽可能地展示自己的知识和能力，让对方感到你是一个知识丰富、聪明能干的人。注意仪表，学会微笑，表情丰富。掌握日常交往的礼仪，举止得体，"站要挺拔，坐要周正，行要从容"。最后，在交往中表现良好的个性品质，如热情待人、真诚关心别人、豁达大度、情绪稳定而愉快、自信开朗等。如果能从以上几个方面去努力，就会成为一个受人欢迎的人、一个有吸引力的人。

（8）帮助别人。帮助别人是赢得朋友的有效方法。在现实生活中，人的力量总是有限的，每一个人都需要别人的帮助。因此，一位哲人曾经说过："人生的旅程是在别人的扶持下走完的。"当一个人遇到困难时，特别是遇到严重挫折时，如果我们能及时伸出援助之手，热情给予帮助，无疑会给对方以极大的鼓舞，使对方能够克服困难，战胜挫折。由此，我们也能够赢得别人的信任，建立起友谊。然而很多人却忽略了这样一个简单的道理，他们在抱怨缺少友情的同时，自己却不愿付出帮助别人。对此，有人奉劝道："你要别人怎样对待你，你就先怎样对待别人。"接受别人的帮助也能赢得朋友。人都有为自己言行辩护的倾向，如果一个人帮助了别人，他就倾向于把此人看作一个值得帮助的人，容易看到其优点，对其产生好感。因此，我们在热情帮助别人的同时，也要能够接受别人的帮助。

第三节　强化大学生人际获得动机

动机是驱使个体向目标前进的内部牵引，发挥动机功能时培养大学生人际获得动机具有重要的意义。根据大学生人际获得动机的现状，以人际获得目标为导向，强化其人际获得动力水平，提高其人际获得意志，对促进主体人际获得感的提升具有自我激励作用。如何强化大学生人际获得动机，基于积极教育视角，着重强调两个方面的内容：激发积极情绪在增强人际获得动机上的导向作用；塑造人际积极关系在增强大学生人际获得意向上的激励功能。

一、　激发人际积极情绪在增强人际获得动机上的导向作用

关于激发人际积极情绪在增强人际获得动机上的导向作用，主要探讨两个方面的内容：一是积极情绪的概述。对积极情绪的内涵及其功能的深入把握，是激发主体生成人际积极情绪的认知基础。二是根据积极情绪的基本理论，结合大学生人际获得动机的现状，将积极情绪的基本理论积极融入大学生人际获得动机养成路径中，以促进积极情绪在增强大学生人际获得动机中的激活程度。

（一）积极情绪的概述

从情绪的性质来看，情绪可以划分为积极情绪和消极情绪。积极情绪通常会带来愉悦的体验，比如：喜悦、自豪、感恩、感激、兴趣、逗趣、激励、敬佩、爱等积极情绪特征；而消极情绪则会带来不愉悦的体验，例如：愤怒、焦虑、抑郁、生气、嫉妒等消极情绪特点。当外界客体事物或情境符合个体的愿望和需求时，个体则会产生积极肯定的情绪。相反，当外界客体事物或情境无法满足个体的愿望或需求时，个体则会产生消极否定的情绪。情绪没有好坏之分，无论是积极情绪还是消极情绪，都有它们各自的功能和进化适应的意义。消极情绪在人类进化过程中同样具有重要的作用，如愤怒的个体会产生攻击行为，恐惧会使个体产生逃跑行为，厌恶会促使个体产生驱逐厌恶事物的行为。处于消极情绪状态的个体思维会越来越受限，这种思维的窄化过程会使主体把注意力投放到其当前面对的危险刺激中去，身体肌肉变得紧张，血流速度加快，随时做好逃跑或战斗的准备。由此可见，消极情绪对人类适应环境、生存繁衍具有不可忽视的意义。心理学相关研究表明，积极情绪可以提升人们的主

观幸福感，积极情绪的表达可以促进心理健康。积极情绪通过提高人体的免疫系统功能，进而促进人们的生理健康。积极情绪是积极心理学三大研究领域之一，研究积极情绪对调节个体人际交往的情绪体验，可以让人们知道如何去关注正面的好事，如何去排除消极事件的干扰，如何利用科学的方法提升积极情绪，从而为幸福的生活打下坚实的基础。积极情绪在人际交往中发挥着重要的积极功效，具体表现如下：

第一，积极情绪可以开阔主体的视野和思维。弗里德克森通过对积极情绪的研究，提出积极情绪具有扩建和构建功能。积极情绪的扩展功能是指能够扩展个体即时的知—行范畴，包括扩展个体的意识、认知和实际行动的范围。无论是积极情绪还是消极情绪，都是为了人类更好地适应生存而发展出来的。消极情绪与特定的行动倾向有着密切联系，比如当个体愤怒的时候会产生攻击的行为倾向，当个体恐惧的时候则会产生逃跑的行为，等等。然而，研究表明积极情绪一般不伴随着特定的行动倾向，只有一般性的激活，如高兴、愉快伴随着无目的的激活、兴趣产生探索的倾向，个体通过探索、研究来整合新信息。

第二，积极情绪的缓释功能。具有拓展认知－行动范畴的功能等积极情绪还可以缓释消极情绪对个体思维"窄化"的影响，这一现象被称为积极情绪对消极情绪的"缓释效应"。可以将这一功能看作扩展功能的衍生功能。积极情绪通过缓释作用能够解除消极情绪对个体身体和心理的束缚，使个体思维更加开放，思考更不受限。积极情绪的缓冲功能主要体现在两个方面：一是消极情绪会导致个体心跳加快、血管扩张、血压升高，积极情绪可以使躯体平静下来；二来积极情绪可以放松消极情绪对个体思维的局限和控制，促使主体主动探索思考和行动的新方法。可见，在人际交往过程中，主体应积极调整情绪，化人际矛盾或人际冲突为积极情绪，从而促进主体更好地建设人际交往模式，为培养人际获得动机打下坚实的基础。

第三，积极情绪的建构功能。消极情绪通过窄化知－行范畴使得个体在战斗或逃跑的情境中获益，这种好处是直接的、即时的。积极情绪的扩展功能即让个体的思维更加专注和开放，能够帮助个体建构健康的身体和心理，这种获益是间接的和长期的。所以，这种建构功能是在拓展功能的基础上实现的。总体来说，积极情绪可以帮助个体建构生理资源（动作技能、健康）、智力资源（知识、理论）、社会资源（友情、社会支持）和心理资源（心理韧性、乐观）这四类资源。这四类资源既包括个体内的资源，如增强心理韧性和生理恢复力，也包括个体间的资源，如社会联系与社会支持，有利于个体积极地参与活动。其中，积极情绪建构社会资源模块，积极情绪可以使主体保持开放性，这种开放性对人际关系的建立至关重要。经常表达积极情绪的个体会拥有更多的吸引力，因为积极情绪具有感染力，个体的快乐会点燃其他人的快乐，使得他人更愿意与个体做朋友、一起共事，这是构建社会关系的重要过程。

（二）积极情绪在增强人际获得动机中的应用

积极情绪通过帮助个体更好地建立和维持各种关系来建构社会资源，比如亲子关系、夫妻关系、伙伴关系等，这些关系都是个体重要的社会资源，这些长期、稳固的关系会在个体遇到困难时为其提供资源和支持，使个体能够更好地应对和解决问题。可见，激发主体积极情绪，对提升大学生人际获得感水平具有一定的实践启示。

第一，激发积极情绪生成人际友善。积极情绪的主要功能是能发挥积极情绪的力量，以促使积极情绪开阔主体的视野和思维。作为大学生无论是在人际交往过程中，还是在独处思考有关人际关系问题时，都要积极关注人际交往的正面信息，以不断激活主体的积极情绪。只有经常在积极情绪导向下，发生的人际交往才有可能形成人际友善的局面。基于积极情绪导向的人际交往情境，其认知与情绪状况都处于一种比较开放的状态，不仅有利于主体提取人际交往的知识和技巧，而且对充分考虑表达与人友善的行为倾向同样具有重要的生成性意义。

第二，积极情绪助推人际吸引。主体在人际交往过程中，要学会运用积极情绪的原理不断激发自我积极情绪的生成，结合自我人际交往的社会实践，不断锤炼自我友善品格，积极养成人际友善的行为习惯，从而不断提高人际吸引力。人际吸引的产生受各种因素的影响，但最重要的因素是指个体的人格特质或者个性品质。个性品质对人际吸引的影响最大，而且这种吸引比较稳定和持久。在吸引力的个人品质方面男生和女生存在着差异。男性吸引他人的品质有真诚、果断、勇敢、理智、忠诚、诚信、善良、热情、友好等人格特质，女性吸引他人的品质有开朗、活泼、温柔、体贴、善解人意、待人热情、随和等特点，在人际交往中都分别具有强力的吸引特质，对主体人际获得感提升具有重要的意义。可见，个性品质在积极情绪助推人际吸引功能上具有重要的调节效应。

第三，积极情绪强化人际效能感。人际效能感是指主体通过与交往对象相互作用、沟通交流而产生的一种对自我人际交往能力的认可感、自信感、胜任感。而积极情绪的激发是促进主体获得人际效能感的力量之源。主体通过对积极情绪的管理和增强，不断回忆和体验人际交往中的积极事件和胜任能力，从而进一步强化主体人际效能感。也就是说，积极情绪的增强，在某种程度上会抑制消极情绪的活跃，从而培养自我乐观的性格特质，对建立和维持良性的人际关系具有积极的功效。

第四，慈心冥想是诱发主体生成积极情绪的重要方式。慈心冥想（loving kindness meditation）是心理学家弗雷德里克森等提出的一种心理练习技术。它是针对人们生活中常被困扰的问题，借鉴"方便善巧而得解脱"理念而升华出的一种科学理论与实践方法。慈心冥想作为一种情绪调节策略，可以用来培养积极情绪，缓解消极的情绪反应，增进对他人的共情能力和积极态度。慈心又称为"四无量心"（four immeasurable），其中"无量"指的是没有任何局限与分别，无论对自己，对所爱之人，对所恨之人，对与自己有关之人，还是对与自己无关之人，对一切众生都怀有慈、悲、喜、舍之心。克劳斯和西尔斯（Kraus & Sears, 2009）认为，它是面向一切世人的四种高尚态度。具体而言，慈（kindness 或 friendliness），指友爱之心，慈爱众生并给予快乐，即愿人得乐的意思；悲（compassion），指悲怜他人受苦的同情心；喜（appreciative joy 或 empathicjoy），指随喜，喜他人之喜，即为别人的快乐或成功而感到喜悦；而舍（equanimity, acceptance 或 calm），则指不执着，不贪婪，即保持不带执着的接纳及内在的平静与怡然。慈心冥想，就是培养慈心的冥想。它以冥想的形式，通过内部语言（如"愿他们平安健康"），把慈爱的感情投向自己、他人以及一切众生，进而达到一种安静、平和的内心境界。可见，慈心冥想可以在情绪不良时作为调节情绪的手段，如对愤怒、嫉妒等负性情绪的干预，有助于培养对他人的积极态度与共情，如人际关系调节及婚姻治理都需要以他人为重的思想意识。

第五，积极性共鸣是深刻体会积极情绪的重要来源。每当人与人之间发生情感关系，并具有共同的积极情绪，生物化学反应和行为动作同步，相互关注等特性时，人们就会产生令人振奋的积极性共鸣。

积极性共鸣包括三个方面的特点：首先，两人之间具有共同的积极情绪；其次，两人身体的生物化学反应以及行为动作产生了同步效应；最后，两人之间具有映射性动机（彼此在意对方，相互关注）。弗雷德里克森将这三个特点同时出现的情况称为积极性共鸣。积极性共鸣的表现：当彼此四目相对，真真切切地感受到对方的肢体语言与积极性情绪，在几毫秒之内，自己就开始与对方产生积极性共鸣。这样的情况发生得越多，自己就越能体会对方的感受，彼此更加欣赏，思想更加契合。两人渐渐有了相同的感受，进入同步状态，彼此合拍，积极性共鸣在两人之间建立起联结，彼此的心中充满积极情绪。当两人的情绪短暂融合时，彼此的情感交流是暖心的、开放的、可信的，彼此有着真挚的理解与关切。

积极性共鸣的特征：积极性共鸣的重要特征是彼此关注。当两人或多人之间产生了积极性共鸣，大家的大脑就会处于同一生物波长，出现行动一致和高度同步的情况，这就是"合一感"。如果双方共同关注的对象是其他目标而非彼此，那么即使他们同时产生了积极情绪，也不属于积极性共鸣。例如，当你坐在电影院里和其他人同为某个场合开怀大笑，当你亲临一场精彩绝伦的足球赛与邻座的人同乐时，这些情景都不属于积极性共鸣。因此，只有人们处于被关注、被接纳、被关心的环境中，才会更容易产生积极性共鸣。人与人之间的联结除了身体接触和语言表达的方式外，还有四个非言语性表达有助于积极性共鸣的产生。例如，你与另一个人之间频繁地微笑示意，两个人彼此间使用友好的手势，身体靠近以及彼此点头向对方表达肯定与认同。

产生积极性共鸣的方法：（1）接纳他人与我们不同的价值观，不同的表达方式，不同的立场和不同的思维，尝试接纳他人而不是评价他人。（2）多考虑对方的需要，用亲切、友好的态度关心对方。（3）与他人交谈时，要学会体验对方的感受，尝试领悟对方想要表达的语句，并尝试在对方未言时提前把它说出来。（4）在交流中，我们要注视对方的眼睛，并通过眼神、微笑或言语等方式给予对方肯定的反馈，即使不同意对方的观点，至少也点头表示理解。在交流中，我们自己内心产生的积极情感要及时表达出来，与对方分享。

二、　塑造人际积极关系在增强人际获得意向上的激励功能

积极关系对人的身心健康具有重要的意义，研究认为塑造积极的人际关系在增强主体人际获得意向上将产生源源不断的内在动力。本文主要从积极关系概述入手，着重强调积极关系导向的人际获得意向之心理机制，以促进大学生人际获得感整体水平的提高。

（一）积极关系的概述

人际关系是伴随主体一生成长的关键性问题：首先，因为我们生活在人群之中，每天都在和他人互动；其次，我们需要与他人维系关系来获得关照、爱、欢乐、支持和信心等。人类是社会性动物，我们需要彼此，需要归属感，我们之中的大部分人都在寻找能滋养身心的关系。许多幸福的人之所以觉得幸福，不是他们可以更快地从困境中走出来，处理负面情绪的免疫系统更强大。他们之所以有强大的免疫系统，重要原因之一是他们有非常好的人际关系，他们与父母、爱人、兄弟姐妹、朋友等都保持着良好关系。一段积极的关系，需要彼此都有付出的动机且有所行动；一段积极的关系，能使彼此一同成长。在积极关系中，付出是一个有来有往的过程，"我付出的同时也感受到了支持，这种人与人之间的联结，让我对自己和这段关系都感觉很好"。因此，塑造积极的人际关系，对主体身心健康发展具有重要的意义。具体表现在以下几个方面：

第一，拥有积极的人际关系，对身体健康更加有益。一个人处在相互关心

爱护、关系密切融洽的人际关系中时，更容易心情舒畅，也更有益于其身体健康。积极的人际关系能使人保持心情平稳、态度乐观，对主体品格优势与美德的培养具有重要的意义。不良的人际关系，可干扰人的情绪，使人产生焦虑、不安和抑郁。严重不良的人际关系，还会使人惊恐、痛苦或愤怒。现代医学研究表明，恶劣的情绪实际上是对身心健康的最大摧残。美国科学家的研究发现，有20%的美国人习惯于生气而使健康受到严重威胁。俗话说健康之道在于"和"，这个"和"是指身体内在的和，也指个体与自然以及社会的和，同样也指人和，即和谐的人际关系。

第二，拥有积极关系，可以塑造个体的生理功能。随着神经社会学的发展，人们对人际关系对大脑的影响有越来越多的发现。丹利尔·戈尔曼研究发现"社交脑"是影响人际交流活动和人们对待周围的人以及人际关系的神经系统。社交脑与其他所有生理机制最大的不同就是它不仅可以影响我们，还会反过来受到我们社交对象心理活动的影响。通过"神经可塑性"，人际交流甚至可以在某种程度上重塑人们的大脑。也就是说，人们的经历可以影响神经细胞的形状、大小、数量以及它们之间的连接点。如果一个特定情景被不断重复，其中的人际关系就可能会逐渐重塑某些神经细胞。事实上，不管与我们长年累月生活在一起的人们是长期伤害我们，还是给我们带来愉悦的情绪，我们大脑的某些特征都会因此而改变。这些发现告诉我们，短时间来看，人际关系对我们的影响非常微小，但是假以时日，影响就会越来越强烈、持久。

第三，拥有积极关系，更具有幸福感和心理韧性。有学者研究表明，拥有积极的人际关系，可以对主体的幸福感、心理韧性和预防暴力具有正面的预测作用。从内因来看，影响个体幸福感和心理韧性的保护因子有社交技巧、共情能力、亲社会行为、情绪管理能力、乐观思维、自我效能感等变量，其中前4个因素都涉及个体建立积极关系的能力。从外因来看，积极关系本身就是极其重要的外部保护因子，尤其对大学生来说，其最初的幸福体验与心理韧性的建立，就是以主体在积极关系中获益的经历为基础的（如安全的母婴依恋关系、健康的亲子关系等）。

（二）建立积极关系对人际获得意向具有促进功效

调查研究表明，大学生具有人际获得意向较弱、在多种场合不愿意主动与人沟通、参与群体社交活动积极性不高等心理与行为特点。因此，要引导主体建立积极的人际关系，在积极的社交环境中体会和领悟社交过程中所生成的积极情绪和趣味逗点，不断强化其人际交往的积极信念，锤炼自我人际获得意志，促进自我积极行为倾向的发生。如何建立积极关系，发挥积极关系对人际获得意向的促进功效，可以从以下三个方面着手：

第一，加强自我同理心的培养。同理心是建立积极人际关系的重要法宝，是指站在对方的立场，去了解对方的感觉、想法、行为，然后把这种了解和感受表达出来，让对方知道你在努力靠近他、理解他，就像是穿着别人的鞋子站一会儿，去体会他人的立场和感觉一样。产生同理心的两个必要条件是倾听他人，有所反应，其心理过程包含了四个核心要素即收听自己的感觉、表达自己的感觉、倾听他人的感觉、回应他人的感觉。同理心的开始是倾听自己的感觉，如果你无法明白自己的感觉就想要体会别人的感觉，那就太难了。可见，同理心起源于勇敢、诚实的探索并表达自己的情绪和感受。同理心不仅体现在正常社交过程中所接收的言语信息，而且还体现在大量的非言语信息上。传播学研究的一个经验法则是90%或以上的情绪信息是非言语的。非言语信息——声调里的欢快，快速动作中所包含的怒气，通常会被对方下意识地接受并予以回应，而对方也许都没有特别留意信息的具体内容。因此，同理心也是一种个体不加评论地与他人一起的感受。然而，同理心有别于同情心，同情心是指个体对别人的遭遇感到同情，但并没有体会到和别人一样的感受。

在发挥同理心的过程中，最常用的方法就是"设身处地"。设身处地意味着主体不仅理解对方的感受，也理解他的思想。这种能力建立在同理心的基础之上，但这种对别人的感受和思想的有意识了解，是原始同理心所没有的。镜像神经元使个体可以下意识地觉察别人的意图，以便个体做出相应的调整。如果有意识地对别人的意图进行觉察，个体就能够做到设身处地，而且能够更准确地预测别人接下来的行为。同理心是正常运作的人际关系的先决条件，包括私人关系，或者是在职场中的关系，在这些关系中对别人的处境产生同理心，会促进彼此之间产生信任与坦诚，有利于解决人际冲突。因此，在大学生人际获得感教育中，主体应自觉地培养自我同理心品质，不断提高与人沟通和深入交流的能力，从而提升自我人际获得感水平。

第二，常存感恩之心去帮助别人。感恩的核心要义主要是指主体对客体所给予的恩惠表示感激，感恩是促使主体表现出亲社会行为的重要动机。有关研究表明：感恩行为能增加生活的满意度，这是因为它将过去好的记忆放大了。因此，在大学生感恩品格培养中，主体应常常回忆有利于建立积极人际关系的事件或记忆，不断增强个体对美好事物的心怀感激，从而有利于主体践行积极行为，并养成感恩之心。相反，常常查看伤口，则不利于愈合心理创伤，进而影响人际交往的动力。对过往的美好时光不能心存感激和欣赏，对过去的不幸夸大其词、念念不忘，是我们得不到平静、满足和满意的罪魁祸首。由此可见，在感恩品质培养实践中，大学生可以通过写日记的方式进行训练，以记载每日美好的事物和生活。尤其是主体要经常记录他人所给予我的恩惠，点点滴滴记入心中，并不断回味它的美好和意义，从而为主体启动感恩之心和利他行为之动机打下坚实的基础。

第三，宽恕他人放飞自我。宽恕不仅能够获得自我的成长，换来个人的自由，而且还会提高人际吸引力。宽恕可以将痛苦、仇恨转换成中性甚至积极的情绪，从而使生活的满意度提高。"你不原谅加害者也并不能伤害他，但宽恕却可以使你自由。"有研究表明，宽恕者的身体更加健康，尤其是心血管方面，会比不肯宽恕者好。如果主体的宽恕能带来和解的话，宽恕会大幅度增加个体和被宽恕者之间的关系。感恩能增加美好记忆的强度，而宽恕则将痛苦记忆的保险丝拆掉，使它不能再引爆，这样会让个体更加幸福。在心理学领域中，宽容是一种积极品质，可以为人们带来良好的体验。心理学将宽容定义为一种心理过程，即人们受到不公正的侵犯后，从情绪、认知和行为三个方面发生转变，放弃对侵犯者消极的情绪、判断和行为，不再渴望报复侵犯者的内部心理过程。恩莱特、加桑和吴（Enright, Gassin & Wu, 1992）认为，宽容具体表现为受到伤害的人改变了要打击报复侵犯者的认知，从愤怒伤心的消极情绪转变为同情和关心的积极情绪，愿意与侵犯者共处，对其予以祝福和尊重。

　　宽恕心理学家沃辛顿提出可以通过以下五个步骤来达到宽恕他人的目的，称之为REACH。具体表现为：第一，回忆。尽量以客观的方式去回忆伤痛，不要把对方妖魔化，也不要自怨自艾。第二，移情。从加害者的观点来看为什么他要伤害你。设想加害者如何解释他的行为，具体理由如下：（1）当一个人感到自己的生命受到威胁时，他会伤害无辜的人。（2）攻击别人的人通常是一个胆怯的、忧郁的、曾受过伤害的人。（3）情景可能造成他加害于人，而不是出于他的本性。（4）在伤害别人时，人们通常不经思考，直接动手干。第三，利他。可以尝试回忆自己以前也曾伤害过他人，而对方也原谅了自己，这是他人给过自己的礼物，自己当时对这个礼物非常感激。所谓"施比受更有福"。第四，承诺。个体可以在大庭广众下宽恕对方，或者签下"宽恕证书"、写日记、告诉可信赖的朋友等多种途径，以最终实现宽恕他人之目的。第五，保持宽恕之心。宽恕并不是把记忆洗掉，而是把记忆所挂的标签换掉。有记忆并不代表不宽恕，只是不要在记忆中加入复仇的成分。综上，大学生在宽恕品质养成教育中，可以采用REACH五步法进一步加强宽恕心理的训练，对化解大学生宿舍人际矛盾，修复人际关系具有重要的实践价值。

第四节　构建大学生人际获得情境

　　构建人际获得情境是提升大学生人际获得感水平的外部环境，通过对大学生人际获得情境的创造，优化其人际获得情境的条件，对促进大学生人际获得感的形成发挥着重要的外部力量。本小节着重从家庭环境、教育环境、社会环境三个方面入手，以塑造良好的亲子关系、积极的人际关系、健康的社会氛围为目标，进而为提升大学生人际获得感创造坚实的外部环境。

一、 家庭环境： 转变家庭教养方式， 建立积极的亲子关系

从微观层面来看，家庭环境是影响主体人际获得感的根本原因。权威型或者民主型家庭教养方式和优良的育人环境，能够培养积极乐观的优势品格与美德，从而产生有效的人际吸引力，为主体产生人际获得感长效机制的建设奠定了生理学基础。不良的家庭教养方式，尤其是专制型或放任型父母教养方式，不仅对主体的身心健康产生消极的作用，而且对主体社会化问题也会产生不利的影响。因此，转变家庭教养方式，建立积极的亲子关系，对主体建立积极的人际交往模式具有重要的心理意义。积极的亲子关系通常被描述为"温暖的、有情感支持的，同时又有权威性的"。父母对孩子的养育投入度（对孩子成长的关注程度、愿意花多少时间与孩子相处）和对孩子自主性的支持，是建立积极亲子关系的关键。根据大学生人际获得感的现状调查，研究表明家庭类型是否完整对大学生人际获得感具有预测作用。可见，家庭类型从某种程度上侧面反映了家庭关系、家庭氛围是否积极健康，主体基于家庭环境导向的人际交往成长经历积淀形成一种固定的人际交往模式，从而对自我人际获得感产生积极与否的心理影响。

联系现代家庭教育可知，父母总是想把他们觉得最好的给予他们的孩子。不像早些时代的人，如今的父母处在一个信息爆炸的时代，可以随时获取大量关于养育孩子的信息。这个时代的孩子有更多的时间在家庭之外的地方受到教育，如托儿所、幼儿园、寄宿高中等。此外还有一些因素在这个时代对亲子关系产生着比以前更大的影响，如家长和孩子之间异地分居、父母离异等。面对各种复杂的状况，无数的"养育专家"都开始探索策略来试图教父母如何一步一步地养育出幸福快乐的孩子，比如夸奖孩子、为孩子投入时间、强化孩子的动机和自信、帮助孩子建立自尊和信任及安全感、鼓励孩子独立自主。那么到底有哪些核心因素能对积极的亲子关系产生影响呢？

第一，理解。所有的人际关系都在不断变化，个体想保持一段健康持久的关系就需要共情的能力，需要能理解他人的需求，欣赏他人不同的观点。这也

包括亲子关系，父母需要理解孩子是如何成长和学习的。孩子也是独立的个体，父母应了解他们的喜恶、敏感之处和优势。作为父母，我们也应理解自己，如我们能对作为父母的自己有哪些期待，在为人父母的过程中可以从哪些地方获得支持和帮助。

第二，互相尊重。这是保持一段健康关系的关键。如果父母试图把自己的意愿强加给孩子，就很可能受到怨恨和产生挫败感。尊重，意味着愿意倾听孩子的想法，从他们的角度看问题。即使最后父母声明做出的决定都是为了孩子好，但与孩子一同探讨问题，充分考虑孩子意见的过程，也可以有效提升亲子关系。自我决定理论指出，青少年需要拥有自主的感觉、自己做选择的感觉和心声被倾听的感觉。相反，如果父母使用控制型的养育方式，孩子可能就会从中学习去控制他人而导致欺凌行为的发生。父母如果能做出示范行为，认可孩子的感受、渴望和困惑，那么就能促进孩子产生更多的亲社会行为并培养孩子的独立性。例如，家里的卧室要重新进行分配，就可以召集所有家庭成员开一次家庭会议商讨解决办法。也许最后还是父母说了算，但经共同商讨后，对于孩子来说最后的决定会变得更容易接受。

第三，开放的沟通。沟通的质量与父母同孩子之间的尊重程度有一定联系。成年人如何才能以一种共情而关怀的方式走进孩子的世界，以帮助孩子相信他们的内在自我，建立自信？那些能经常对自己和亲子关系进行反思的人，会更少被激怒、失去耐心或变得消极。这种反思包括为一个错误的决定或评论向孩子道歉。这些过程可以为孩子提供示范，让孩子也能学会安全地表达自己的情绪。

第四，时间。花时间来改善亲子关系是另一个关键。父母仅仅是花时间和孩子待在一起，就能让孩子感觉到自己是有价值的，尤其是当父母能参与一些由孩子选择的、主导的活动的时候，对于那些需要争夺父母关注的孩子，如家中有兄弟姐妹，或父母工作太忙的孩子来说尤为重要。孩子也喜欢参与一些大人的活动，如在家庭日常事务处理中让孩子承担一部分责任，既能增强他们与家人的联结，提升他们的幸福感和心理韧性水平，同时也能培养他们的独立性和沟通能力，使他们产生自信心。

二、 教育环境： 加强积极教育力度， 创造积极的人际关系

从中观层面来看，学校教育环境是促使个体人际获得感形成的重要因素。良好的、轻松的、快乐的教育环境，能不断促进主体产生积极情绪，为主体创建积极的人际关系提供了良好的教育土壤。因此，在推进高校教育理论与实践中，要不断加强积极教育的力度，普及积极教育的方法和手段，为进一步改善高校师生关系创造良好的人际育人环境。对大学生人际获得感现状调查，研究结果显示大学生人际获得感在性别、身份类型、学生干部类型、户籍、家庭类型、家庭经济水平以及父母文化程度等人口学、社会学变量上都存在不同程度的统计学意义。因此，基于大学生主体特点，结合积极教育的方法与手段，可以积极建构针对性强、实效性高的养成教育模式。

如何加强积极教育的力度，积极创造良好的人际关系？优势教育是积极教育的核心体现。教师在工作中要有意识地、系统地发现自己的天赋，发展和应用自己的优势，以持续学习、提升教学方式、设计和实施教案、创建活动，来帮助学生在学习过程中发现自己的天赋，发展和应用自己的优势，以便学习知识、获得学习技能、掌握发展思考和问题解决技巧，并在教育环境中达到优秀水平。即积极教育的本质，是让主体可以更好地表达自我品质中积极的一面（Cantwell，2005）。就高校教育者本身而言，应从以下几点创造积极关系：第一，教育者应该做到向每一个学生表达尊重和善意。应当鼓励教师对每一个学生都表示关注，问候他们，让他们感觉到自己是有价值的。第二，提升归属感。应该给学生提供一个安全的环境，让他们能够表达自己的观点，发挥想象力，自己做出决定，与人合作，帮助他人，并能为社会做贡献。第三，建立良好的师生关系。良好的师生关系可以增强学生的自信心和抗逆力。学生需要知道他们可以与教师和同学建立非评判的、充分信任和尊重的关系。教师通过倾听、表示尊重和同情来给学生提供支持。教师不评判学生，而是理解学生在尽最大努力。这种支持可以帮助学生建立自信和充满希望。第四，认可每一个学生的价值。庆祝每一个微小的成功，认可创造性的观点。第五，强调合作而不

是竞争。鼓励每一个学生，而不是只表扬做得最好的人，让学生感到温暖。第六，树立较高的积极期望。看到学生的优势，并帮助学生认识到它们，这样有助于增加学生的内在动机。第七，帮助学生发现他们的优势。

高校教育的宗旨是立德树人，其根本是如何培养人的问题。但是在多年以来的教育理论与实践中，由于过度注重学生的心智开发，而忽视了情商等其他方面的培养。积极教育旨在培养学生的积极品格及创造幸福人生的能力，积极教育也可以称为幸福教育，而教育的根本目的就是提升人类的幸福感。然而，在高校教育实践中，由于教师、管理工作者难以承受的教学科研工作量，教育管理的压力给老师们带来的沉重负担，导致他们在对学生的情感方面关怀不足。这就表现为老师们总是说他们非常关心学生，但学生们却感受不到。那么学生通常会觉得哪些方面是他们能感受到而且觉得有帮助的呢？答案是老师呈现出来的一些态度和积极行为，具体实例可表现如下：

老师能准确地叫出我们的姓名。

老师对我们笑。

老师对我们很友善。

老师从不说某个学生比另一个学生好这样的话。

老师对我们能取得成功充满希望，他真的相信我们。

老师愿意倾听，愿意让我解释。当我不知道答案时，不会在同学们面前给我难堪。

老师教授的课程内容与我们的生活、社会相关联。

老师能管理好学生，但不会使用对学生吼叫的方式。

老师能让我们因为达成了某些目标而感觉良好，能给我们提供一些合适的帮助。

富有关怀的老师能激发学生们的内在动机，让他们对学习变得更投入，产生更多的亲社会行为。教育思想家内尔·诺丁斯（Nel Noddings）曾这样说道："显而易见，孩子们当然能努力学习、努力做事，都是为了他们所爱的和所信任的人。"学生会积极应对那些开朗乐观的老师，"当你感觉到老师真的在关心你、关注你的生活时，你会觉得可以不用把家里的烦恼带到学校来了。"一位学生这样说道。那些共情的、温暖的师生关系与许多结果相关：出勤率的提高、批判性思维的形成、学生满意度的提高、学业成就的提高、自尊水平的提升、积极动机的增加、社会联结和参与度的提升等，同时也能降低辍学率和减少学生的破坏性行为。学校需要创造积极开放的育人环境，让学生在其中能感到安全，能好好地学习和探索他们的思想和情感，在这个环境里教师要允许学生犯错，因为失误也是整个成长过程的一部分。每个学生都有不同的学习方法，老师们需要给他们反馈，这样学生才能知道如何让学习变得更有意义。反馈是非常普遍的一种方法，老师需要主动告诉学生他们做得怎么样，而不是总让学生单方面地告诉老师他们听懂了多少被教授的东西。

引导并倾听学生表达他们的观点对优化师生关系非常有帮助，这能表达老师对学生的尊重。学生希望教师在学校能认真对待他们的观点，如果教师做不到，他们会感到不被理解和无助。学生认为他们确实常常有好主意，而且能用不同的视角看问题。美国一位著名的教育家花了几十年时间，从 90000 封学生写的信中概括出了受喜爱的教师的 12 个特点，如下所示。

（1）友善的态度。"他/她把全班变成了一个大家庭，我每天都很期待去上学。"

（2）尊重课堂上的每个人。"他/她不会在其他人面前像耍猴一样戏弄我。"

（3）耐心。"他/她会一直讲解一道题，直到我会做为止。"

（4）兴趣广泛。"他/她带给我们课本以外的观点，帮助我们把所学的知识运用到生活中。"

（5）良好的仪表。"他/她的语调和笑容让我们感到很舒心。"

（6）公正。"他/她会给你应得的分数和赞扬，而不会有任何的偏差。"

（7）幽默感。"每天他/她都会在教学时带给我们欢乐，让课堂变得不再乏味。"

（8）良好的品行。"我相信他/她与其他人一样也会发脾气，但是我从来没见过。"

（9）对个人的关注。"他/她帮助我认识了一个全新的自己。"

（10）虚心学习。"当他/她发现自己有错时，他/她会直接承认，并且尝试用其他方法来改进。"

（11）宽容。"虽然我知道我不聪明，但是即使在我考得很差时他/她也不会说我不优秀。"

（12）教学有方。"突然发现，虽然我没有刻意去想，但是我一直在用老师教我的方法学习，并且发现这些方法十分有效。"

另外，积极的师生关系培养，还可以从以下几个方面着手对学生主动开展积极教育实践，以此创建积极教育的成长环境和营造优质氛围，诱导学生产生积极情绪，并促进主体生成人际获得感。

（1）有意识地营造一种温暖的氛围，例如上课前与班上的每一位同学都快速对视一下，确认每个人是否都在场。

（2）反馈应该及时。在给出某种学习标准后，立刻给予学生反馈是最有效的，这样学生就能积极回应并记住这段经验。时间久了再给反馈，学生可能会忘，也无法将反馈与行为联系起来。

（3）每次集中反馈一件具体的事。每次跟学生只谈一个问题，会比你一次谈他的所有问题更有影响力。比如，一个学生语文作业写得不好，你与其对这个学生说："你作业的问题太多了，字迹潦草、错别字多、内容有遗漏、语法也有问题。"不如本周先强调让他注意字迹，下周再强调改正错别字，再隔一周再强调使用正确语法，一次强调一件事，这样做效果会更好。

（4）给学生真诚的赞美。如果你总是告诉你的学生"干得好""做得漂亮"之类的空话，时间一久效果就减弱了。用"具体事件＋行为动作"的方法表扬学生，比如用"我注意到……"的句式来表达（如"我注意到你这一整周都按时到校没迟到。""我注意到你在帮老师收作业时，总是会把同学们的卷子抚平。"）。认可学生付出的努力，能对学生的学习生涯产生长远而积极的影响。

（5）邀请学生给你反馈。给学生机会，让学生们能匿名评价，可以用一些问题如"你是否喜欢老师带的这个班级，为什么？""如果你来当老师你会做哪些不同的事？""你从老师身上学到最多的东西是什么？"

积极的师生关系在儿童和青少年获得幸福感和心理韧性的过程中起着重要作

用。有研究表明，那些与老师有积极而紧密的师生关系的青少年，酗酒的可能性更低，自伤或自杀的可能性更低，出现暴力行为的可能性也更低。师生关系的质量是对学生的学业成就影响较大的因素之一，积极的师生关系会使学生对学校的态度更正面，学习也更投入。此外，积极的师生关系也是教师进行有效班级管理的基础，有高质量师生关系的班级与其他班级相比，在一学年内违反纪律的概率要低31%。这种"高质量师生关系"通常被描述为投入的、情感上安全的、相互理解的、温暖的、紧密的、信任的、尊重的、充满关心和支持的。

总之，我们应建立一种积极视角，即提升人际和谐与相互尊重的人际互动，最有效的方式不是在事后干预，而是在问题发生之前就教给目标人群相关的知识、技巧，激发他们建立和保持积极关系的动机。

三、 社会环境： 推进积极教育普及， 营造积极健康的社会氛围

积极健康的社会环境是推进积极教育深入普及，并积极营造人际获得情境的外部因素。推进积极教育普及，营造积极的社会氛围，对增强大学生人际获得感具有重要的现实意义。主要集中表现在以下三个方面：

从国内外积极教育发展的现状来看：伴随积极教育理念的提出与发展，国外陆续引进积极教育理念并在学校范围内进行积极心理学的教育实践。为了更好地从事积极教育的理论研究与实践推广，世界各地区根据国情特点和需要，成立了有关积极教育的正式组织和非正式组织。例如：国际积极教育大会、英国伯明翰大学建立了性格与美德纪念中心、澳大利亚吉龙文法学校积极教育实验中心、我国清华大学从 2011 年起实施"幸福园丁"项目等。由此可见，积极教育实践治理向多元化、公共化、国际化方向发展。然而，我国积极教育实践参与治理的主体极为有限，有学者对我国积极教育现状做出研究，认为我国积极教育因应试教育负面影响而处于教育的游离状态，主要表现在：我国传统教育观念根深蒂固，学校积极教育缺乏制度保障，学校积极教育缺乏师资队伍，对积极教育存在歪曲认识等特点（罗佳，2017）。因此，亟须呼吁家庭、

学校、社会、政府乃至国家等各阶层成立正式组织和非正式组织，根据治理主体的性质和专长参与积极教育实践的公共管理，确保积极教育实践治理不流于形式。要注重实效，在治理实践中积极发扬合作共享、机制创新的精神。

高校道德教育工作的主要任务是：教导学生如何去爱人、帮助人、服务人。著名学者梁漱溟在《人心与人生》一书中提出："仿佛自己越是在给别人有所牺牲的时候，心里越是觉得特别的痛快、酣畅、舒展。反过来自己力气不为人家用，似乎应该舒服，其实并非如此，反而会心里感觉特别紧缩、闷苦。"这就是我们已经意识到雷锋精神归根结底其实是助人为乐的精神，也就是我们追求幸福的心声。雷锋的伟大就在于找到了心理学的一个基本规律，那就是利他是幸福的。长期以来，一些人不承认世界上有无私。但是研究认为，寻找快乐其实就是无私的表现，有关神经生理的调查显示，纯粹的利他是完全可以做到的。可见，高校教育者应将积极心理学、积极教育的知识和实践传播给大众，让积极教育在我国教育中落地生根。

从高校教育管理以及校园文化建设来看：要注重实现青年大学生更广泛的社会参与。把青年大学生参与作为提升青年获得感的重要方面，引导青年大学生积极参与政治生活和社会公共事务，在社会治理中注重听取和吸收青年大学生的意见和建议，增强青年大学生在政治参与和社会参与中的主体意识。另外，应积极建构全校校园积极文化氛围，其中包括软件建设和硬件建设。在教育实践中，应将积极心理学的理念进一步渗透到教师、学生、家长以及管理层的思想中。积极校园文化氛围可根据学校的特点因地制宜，因校不同。例如，有的学校会每个月定期举办优势品质、感恩拜访等积极心理校园文化活动；有的学校则给学生搭建了"最佳的自我展示舞台"，让学生在台上展示自己的优势与特长。硬件方面，可以与我国权威设计所、建筑学院的专家合作，将能够提升人的积极心理品质的因素融入建筑设计的理念中。光线、色调、空间的开放度、社交空间、家具摆放都会极大地影响人的内心感受。然而，目前教育工作者对物理空间与心理空间的交互作用往往所知甚少。可见，推进我国社会环境氛围积极化、智慧化，不仅有利于主体身心健康的发展和调试，而且对人们基于社会发展成果共享导向的总体获得感也同样具有重要的现实意义。

参考文献

[1] 边素贞, 黄霞. 大学生心理健康 [M]. 北京: 科学出版社, 2019: 173-180.

[2] 曹现强, 李烁. 获得感的时代内涵与国外经验借鉴 [J]. 人民论坛·学术前沿, 2017 (2).

[3] 曹现强. 获得感的时代内涵与国外经验借鉴 [J]. 学术前沿, 2017 (1): 18-28.

[4] 曾光, 赵昱鲲. 幸福的科学: 积极心理学在教育中的应用 [M]. 北京: 人民邮电出版社, 2018.

[5] 陈美岚. 构建大学生和谐人际关系研究 [D]. 桂林: 广西师范大学, 2014.

[6] 陈云松, 张翼, 贺光烨. 中国公众的获得感——指标构建、时空变迁和宏观机制 [J]. 中国浦东干部学院学报, 2020 (2): 110-123.

[7] 陈振华. 积极教育论纲 [J]. 华东师范大学 (教育科学版), 2009, 27 (3): 27-39.

[8] 成琪, 古瑛, 徐咏仪. 高职院校贫困生人际关系获得感现状及提升策略 [J]. 广州城市职业学院学报, 2018, 12 (2): 48-50

[9] 董洪杰, 谭旭运, 豆雪姣, 等. 中国人获得感的结构研究 [J]. 心理学探新, 2019 (5).

[10] 董云川. 冷漠的教育: 大学朝向一流的根性缺失 [J]. 高教探索, 2019 (10): 5-11.

[11] 弗里德克森. 积极情绪的力量 [M]. 北京: 中国人民大学出版社, 2010.

[12] 高正亮，童辉杰. 积极情绪的作用：拓展——建构理论 [J]. 中国健康心理学杂志，2010, 18（2）：246 - 249.

[13] 郭学静，陈海玉. 增强人民群众获得感路径研究 [J]. 价格理论与实践，2017（4）.

[14] 何小芹，曾韵熹，叶一舵. 贫困大学生相对获得感的现状调查分析 [J]. 锦州医科大学学报（社会科学版），2017（3）：65 - 67.

[15] 侯杰泰，温忠麟，成子娟. 结构方程模型及其应用 [M]. 北京：教育科学出版社，2004.

[16] 黄希庭. 人格研究中国化之我见 [J]. 心理科学，2017（6）：11 - 16.

[17] 黄艳敏，张文娟，赵娟霞. 实际获得、公平认知与居民获得感 [J]. 现代经济探讨，2017，（11）：1 - 10.

[18] 姜勇，柳佳炜. 教育研究的中国传统与特色主张 [J]. 湖南师大教育科学学报，2020（3）：24 - 32.

[19] 金盛华. 社会心理学 [M]. 北京：高等教育出版社，2005.

[20] 金盛华. 社会化研究新视野 [J]. 高等师范教育研究，1996（3）：55 - 62.

[21] 经卫国，况志华. 论思想政治教育接受的社会心理系统 [J]. 系统科学学报，2021，29（02）

[22] 经卫国，况志华. 新生代农民工被看重感影响因素质性研究 [J]. 中国卫生事业管理，2020，37（04）.

[23] 经卫国，等. 被看重感的内涵、结构及影响因素研究 [J]. 苏州科技大学学报（社会科学版），2019，36（03）.

[24] 经卫国，等. 新生代农民工被看重感量表编制及检验 [J]. 统计与决策，2019.

[25] 康来云. 获得感：人民幸福的核心坐标 [J]. 学习论坛. 2016（12）.

[26] 李利平，王岩. 坚持共享发展：提高全民获得感的对策 [J]. 人民论坛，2016（30）.

[27] 林仪伶. 青少年知觉与重要他人之关系量表编制及其与幸福感关系研究 [D]. 屏东：台湾屏东教育大学，2007.

[28] 刘金婷. 大学生被重视感对主观幸福感的影响：学校归属感的中介作用 [D]. 南充：西华师范大学，2017.

[29] 刘克利，欧阳鹏. 教育的元价值是创新生命本质——生命哲学视域中教育的本真意蕴新探 [J]. 大学教育科学，2019 (3)：29 - 36.

[30] 刘新庚，刘峰. 社会主义核心价值观认同的动力要素与过程机制探索 [J]. 中南大学学报（社会科学版），2012，18 (03)：1 - 4.

[31] 吕小康，黄妍. 如何测量"获得感"？——以中国社会状况综合调查 (CSS) 数据为例 [J]. 西北师大学报（社会科学版），2018 (5)．

[32] 卢琰. 大学生心理健康 [M]. 北京：科学出版社，2019.

[33] 陆洪，宋彤. 大学生心理健康教育与发展 [M]. 北京：北京理工大学出版社，2017.

[34] 罗桂芬，白南风，仇雨临. 社会心理承受力的深层分析 [J]. 社会学研究，1994，(04)：56 - 66.

[35] 罗桂芬. 社会改革中人们的"相对剥夺感"心理浅析 [J]. 中国人民大学学报，1990，(04)：84 - 89.

[36] 罗佳. 积极教育的发生、发展与展望 [J]. 教育导刊，2017：23 - 26.

[37] [美] 马斯洛. 动机与人格 [M]. 许金声，等译. 北京：中国人民大学出版社，2013.

[38] [美] 马斯洛. 马斯洛的人本哲学 [M]. 刘烨，译. 呼伦贝尔：内蒙古文化出版社，2008：1 - 4

[39] [美] 马丁·塞利格曼. 真实的幸福：提升幸福感不可不读的心理学经典 [M]. 洪兰，译. 北京：万卷出版社，2010.

[40] 苗元江，余嘉元. 试论幸福教育的起点、核心、目标 [J]. 教育评论，2001 (5)：7 - 8.

[41] 聂伟，蔡培鹏. 让城市对青年发展更友好：社会质量对青年获得感的影响因素研究 [J]. 中国青年研究，2021 (3)：53 - 59.

[42] 诺敏，王斌. 大学生自我意识的发展与培养 [J]. 内蒙古师大学报（哲学社会科学版），2001 (S1)：83 - 85.

[43]任俊. 西方积极教育思想探析［J］. 外国教育研究, 2006（5）, 33: 1 – 3.

[44]任俊. 积极心理学［M］. 上海: 上海教育出版社, 2006: 132 – 134.

[45]孙远太. 城市居民社会地位对其获得感的影响分析——基于6省市的调查［J］. 调研世界, 2015（9）: 18 – 21.

[46]谭建光. 让青年的获得感能够持续和延伸［N］. 中国青年报, 2020 – 11 – 26（5）.

[47]谭旭运, 董洪杰, 张跃, 等. 获得感的概念内涵、结构及其对生活满意度的影响［J］. 社会学研究, 2020（5）: 195 – 215.

[48]谭旭运, 张若玉, 董洪杰, 等. 青年人获得感现状及其影响因素［J］. 中国青年研究, 2018（10）: 49 – 57.

[49]陶佳. 基于社交学习的教师网络学习共同体之构建——兼论面向智能时代的教师网络学习共同体［J］. 远程教育杂志, 2018（2）: 87 – 95.

[50]田沁抒. 青年社会主义核心价值观接受心理研究［D］. 锦州: 渤海大学, 2018.

[51]田为民. 政治稳定的社会心理条件研究［J］. 江苏社会科学, 1999,（02）: 158 – 164.

[52]田旭明. "让人民群众有更多获得感"的理论意涵与现实意蕴［J］. 马克思主义研究, 2018（4）.

[53]汪敏慧. 被看重知觉对复原力启动之研究——以高中课业压力与身心健康关系为例［D］. 台北: 台湾政治大学, 2007.

[54]王俊秀. 不同主观社会阶层的社会心态［J］. 江苏社会科学, 2018（1）.

[55]王俊秀. 从社会心态培育到社会心理建设［J］. 北京工业大学学报（社会科学版）, 2015（4）.

[56]王俊秀. 社会心态: 转型社会的社会心理研究［J］. 社会学研究, 2014（1）.

[57]王康娟, 陈文. 人本化视阈下提升大学生教育获得感的路径探究［J］.

淮南师范学院学报, 2016 (5): 132-134.

[58] 王浦劬, 季程远. 新时代国家治理的良政基准与善治标尺——人民获得感的意蕴和量度 [J]. 中国行政管理, 2018 (1): 6-12.

[59] 王恬, 谭远发, 付晓珊. 我国居民获得感的测量及其影响因素 [J]. 财经科学, 2018 (9).

[60] 王雄伟. 大学新生入学教育 [D]. 宁夏人民出版社, 2006.

[61] 韦耀阳, 王艳. 大学生人际交往获得感量表的编制和信效度分析 [J]. 黄冈师范学院学报, 2020, 40 (01): 101-106.

[62] 文宏, 刘志鹏. 人民获得感的时序比较——基于中国城乡社会治理数据的实证分析 [J]. 社会科学, 2018 (3): 3-20.

[63] 吴曼丽. 社交学习中反馈寻求和反馈机制的研究 [D]. 合肥: 中国科学技术大学, 2016.

[64] 习近平. 习近平总书记教育重要论述讲义 [M]. 北京: 高等教育出版社, 2020.

[65] 习近平. 习近平新时代中国特色社会主义思想 [M]. 北京: 学习出版社, 2018.

[66] 习近平. 青年要自觉践行社会主义核心价值观: 在北京大学师生座谈会上的讲话 [N]. 人民日报, 2014-05-05 (2).

[67] 辛自强. 社会治理中的心理学问题 [J]. 心理科学进展, 2017 (1).

[68] 项新新, 叶昇尧. 大学生心理健康 [M]. 北京: 科学出版社, 2017.

[69] 徐金燕, 蒋利平. 社会污名和歧视经历对新生代农民工心理健康的影响研究——兼析几类因素的中介作用 [J]. 中国卫生政策研究, 2018, 11 (06): 52-61.

[70] 闫顺利. 论马克思主义过程理论的三种形态 [J]. 江南大学学报 (人文社会科学版), 2006 (5).

[71] 杨宜音, 王俊秀. 当代中国社会心态研究 [M]. 北京: 社会科学文献出版社, 2013.

[72] 杨莹, 寇彧. 亲社会互动中的幸福感: 自主性的作用 [J]. 心理科学进

展，2015（7）．

[73]叶胥，谢迟，毛中根．中国居民民生获得感与民生满意度：测度及差异分析[J]．数量经济技术经济研究，2018（10）．

[74]袁浩，陶田田．互联网使用行为、家庭经济状况与获得感——一项基于上海的实证研究[J]．社会发展研究，2019（3）：41-60.

[75]袁颖．大学生被看重感量表的编制与初步应用[D]．芜湖：安徽师范大学，2014.

[76]袁颖，赵必华．中文版大学生被看重感量表的信效度检验[J]．皖西学院学报，2013，29（2）：118-121.

[77]曾维希，李媛，许传新．城市新移民的心理资本对城市融入的影响研究[J]．西南大学学报（社会科学版），2018（4）：129-137.

[78]张栋．低保制度提升贫困群体主观幸福感、获得感、安全感了吗？——基于 CFPS 面板数据的实证分析[J]．商业研究，2020（7）：136-144.

[79]张会来，郝文斌．大学生环境治理获得感的影响因素研究[J]．黑龙江高教研究，2017（2）：107-111.

[80]张丽．大学生自我意识的发展与调试[J]．科教文汇，2008（8）：39，43.

[81]张灵，徐志远．论社会主义核心价值观接受的心理机制[J]．思想理论教育导刊，2016，（07）：81-84..

[82]张品."获得感"的理论内涵及当代价值[J]．河南理工大学学报（社会科学版），2016（4）：43-47.

[83]张品."获得感"的理论内涵及当代价值[J]．河南理工大学学报（社会科学版），2016（4）．

[84]张琦芳．初中生在辅导情境的被看重知觉与其辅导效果之关系探讨[D]．硕士学位论文，台北：台湾政治大学，2007.

[85]张胜红，王萍."90后"大学生被看重知觉及其教育启示[J]．现代经济：现代物业中旬刊，2012（4）：66-68.

[86]张胜红．低年级大学生心理韧性与被看重知觉调查[J]．中国学校卫生，

2011, 32 (8): 1008.

[87]张忠春,李万斌,张思军. 中国特色社会主义核心价值观的认同机制探析
[J]. 四川文理学院学报, 2011, 21 (03): 13 –15..

[88]赵必华,袁颖. 被看重感指数在中国大学生中的构想效度 [J]. 心理学探
新, 2016, 3 (4): 29 –33.

[89]赵玉华,王梅苏. "让人民群众有更多获得感": 全面深化改革的试金石
[J]. 中共山西省委党校学报, 2016 (3).

[90]中共中央宣传部. 习近平总书记系列重要讲话读本 [M]. 北京: 学习出
版社, 人民出版社, 2016: 76 –77.

[91]郑日昌,蔡永红,周益群. 心理测量学 [M]. 北京: 人民教育出版
社, 1999..

[92]朱国栋. 论新时代高校思想政治理论课的获得感 [J]. 湖北社会科学,
2018 (9): 161 –166.

[93] Andrews, F. M. & S. B. Withey. "Developing Measures of Perceived Life
Quality" [J]. *Social Indicators Research*, 1976, 3.

[94] Anke, C. Aspirations, Attainments, and Satisfaction: Life Cycle Differences
Between American Women and Men [J]. *Journal of Happiness Studies*, 2008,
9: 601 – 619.

[95] Bastian, B., P. Kuppens, K. De Roover & E. Diener. Is Valuing Positive Emotion
Associated with Life Satisfaction? [J]. *Emotion*, 2014, 14 (4).

[96] Barsalou, L. W. Situated conceptualization. In H. Cohen & C. Lefebvre (Eds.),
Handbook of categorization in cognitive science [J]. St Louis: Elsevier. 2008:
619 – 650.

[97] Bradburn, N. M. & C. E. Noll. The Structure of Psychological Well – being [J].
Chicago: Aldine Publishing Company. 1969.

[98] Campbell, A. Subjective Measures of Well – being [J]. *American Psycholo-
gist*, 1976, 31 (2).

[99] Christopher Peterson, Martin E. Seligman. Character Strengths and Virtues: a

Handbook and Classification [M]. New York: *Oxford University Press*, 2004: 27 – 31.

[100] Connolly, K. M., & Myers, J. E. Wellness and mattering: The role of holistic factors in job satisfaction [J]. *Journal of Employment Counseling*, 2003, 40 (4): 152 – 160.

[101] D. H. Schunk & B. J. Zimmerman (eds.). Motivation and Self – regulated Learning: Theory, Research and Applications [M]. New York: *Routledge.* 2008.

[102] Deci, E. L. & R. Ryan. Self – determination Theory: A Macrotheory of Human Motivation, Development, and Health [J]. *Canadian Psycholopy*, 2008, 49 (3).

[103] Deforge, B. R., & Barclay III, D. M. The internal reliability of a general mattering scale in homeless men [J]. *Psychological Reports*, 1997, 80 (2): 429 – 430.

[104] Dixon, S. K., & Kurpius, S. E. R. Depression and college stress among universityundergraduates: Do mattering and self – esteem make a difference [J]. *Journal of College Student Development*, 2008, 49 (5): 412 – 424.

[105] Elliott, G., Kao, S., & Grant, A. Mattering: Empirical validation of a social – psychological concept [J]. *Self and Identity*, 2005, 4 (5): 299 – 340.

[106] Elliott, G., Kao, S., & Grant, A. Mattering: Empirical validation of a social – psychological concept [J]. *Self and Identity*, 2004, 3 (4): 339 – 354.

[107] Enright, R. D., Gassin, E. A., &Wu, C. Forgivenss: A developmental view [J]. *Journal of Moral Education*, 1992, 21, 99 – 114..

[108] France, M. K., & Finney, S. J. What matters in the measurement of mattering? A construct validity study [J]. *Measurement and Evaluation in Counseling and Development*, 2009, 42 (2): 104 – 120

[109] Fredrickson B L. The Role of Positive Emotions in Positive Psychology: The Broaden and Build Theory of Positive Emotions [J]. *American Psychologist*, 2001, 56 (3): 218 – 224.

[110] Fryer, J. & A. Elliot . Self – regulation of Achievement Goal Pursuit [J] . *Cognition and Emotion*, 2018.

[111] Gable, P. & E. Harmon – Jones . The Motivational Dimensional Model of Affect: Implications for Breadth of Attention, Memory, and Cognitive Categorization [J] . *Cognition and Emotion*, 2010, 24 (2) .

[112] Kraus, S. , & Sears, S. Measuring the immeasurables: Development and initial validation of the Self – Other Four Immeasurables (SOFI) scale based on Buddhist teachings on loving kindness, compassion, joy, and equanimity [J] . *Social Indicators Research*, 2009, 92 (1), 169.

[113] Larson Reed W. . Toward a Psychology of Positive Youth Development [J] . *American Psychologist*, 2000, 55 (1): 170 – 183.

[114] Lemos, A. , G. Wulf, R. Lewthwaite & S. Chiviacowsky. Autonomy Support Enhances Performance Expectancies, Positive Affect, and Motor Learning [J] . *Psychology of Sport and Exercise*, 2017, 31.

[115] Lewin, K. Field Theory in Social Science [M] . New York: *Harper*, 1951.

[116] Mahoney Joseph L. , Bergman Lars R. . Conceptual and Methodological Considerations in a Developmental Ap – proach to the Study of Positive Adaptation [J] . *Applied Developmental Psychology*, 2002 (23): 195 – 217.

[117] Marshall, S. K. Do I matter? Construct validation of adolescents' perceived mattering to parents and friends [J] . *Journal of Adolescence*, 2001, 24 (4): 473 – 490.

[118] Marshall, S. K. Do I matter? Construct validation of adolescents' perceived mattering to parents and friends [J] . *Journal of Adolescence*, 2002, 22 (4): 411 – 487.

[119] Maslow, A. H. Motivation and Personality [M] . New York: *Harper & Row*, 1954.

[120] Myers, J. E. , & Bechtel, A. Stress, wellness, and mattering among cadets at West Point: factors affecting a fit and healthy force [J] . *Military Medicine*,

2003, 169 (6): 475 - 482.

[121]Myers, J. E. , & Degges - White, S. Aging well in an upscale retirement com-
munity: The relationships among perceived stress, mattering, and wellness
[J] . *Adultspan Journal*, 2007, 6 (2): 96 - 110. .

[122]Myers, J. E. , & Bechtel, A. Stress, wellness, and mattering among cadets at
West Point: factors affecting a fit and healthy force [J] . Military Medicine,
2004, 169 (6): 475 - 482.

[123]Murray, H. A. Explorations in Personality: Explorations in Personality [J] .
Oxford: Oxford, 1938.

[124]Rayan Richard M. . Self - Determination Theory and the Fa - cilitation of In-
trinsic Motivation, Social Development, and Well - Being [J] . *American
Psychologist*, 2000, 55 (1): 68 - 78.

[125]Rayle, A. D. , & Myers, J. E. Counseling adolescents toward wellness: The
roles of ethnic identity, acculturation, and mattering [J] . *Professional School
Counseling*, 2004, 8: 81 - 90.

[126]Rayle, A. D. Adolescent gender differences in mattering and wellness [J] .
Journal of Adolescence, 2005, 28 (6): 753 - 763.

[127]Rosenberg, M. , & McCullough, B. C. Mattering: Inferred significance and
mental health among adolescents [J] . *Research in community and mental
health*, 1981, 2, 163 - 182.

[128]Rosenberg, M. , & McCullough, B. C. Mattering: Inferred significance and
mental health among adolescents [J] . *Research in community and mental
health*, 1985, 5, 165

[129]Rosenberg, M. , & McCullough, B. C. Mattering: Inferred significance and
mental health among adolescents [J] . *Research in community and mental
health*, 1981, 2, 163 - 182.

[130]Ryff, C. D. & C. L. Keyes . The Structure of Psychological Well - being Revisi-
ted [J] . *Journal of Personality and Social Psychology*, 1995, 69 (4) .

[131] Schlossberg, N. K. Marginality and mattering: Key issues in building community [J] . *New Directions for Student Services*. 1989 (48): 5 – 15.

[132] Schieman, S. , & Taylor, J. Statuses, roles, and the sense of mattering [J] . *Sociological Perspectives*, 2001, 44 (4): 469 – 484.

[133] SELIGMAN E P, CSIKSZENTMIHALYI M. Positive Psychology: An Introduction [J] . *American Psychologist*, 2000, 55 (1): 5 – 14.

[134] Seligman M, Csikszentmihalyi M. Positive psychology: An introduction [J] . *American Psychol*, 2000b, 55 (1): 5 – 14.

[135] Seligman M E P, Ernst R M, Gillham J E, Revich K, Lindkins M. Positive education: positive psychology and classroom interventions [J] . *Oxf Rev Educ*, 2009, 35 (3): 293 – 311.

[136] Simonton D K. . Creativity: Cognitive, Personal, Develop – mental, and Social Aspects [J] . *American Psychologist*, 2000, 55 (1): 151 – 158.

[137] Steven Pinker. Moral Instinct [J] . *New York Times Magazine*, 2008 – 01.

[138] Taylor, J. , & Turner, R. J. A longitudinal study of the role and significance of mattering to others for depressive symptoms [J] . *Journal of Health and Social Behavior*, 2001, 310 – 325.

[139] O'Brien, E. , & S. Kassirer . People Are Slow to Adapt to the Warm Glow of Giving [J] . *Psychological Science*, 2019, 30 (2) .

[140] Perry, J. C. , Przybysz, J. , & Al – Sheikh, M. Reconsidering the "aspiration – expectation gap" and assumed gender differences among urban youth [J] . *Journal of Vocational Behavior*, 2009, 74, 349 – 354.

[141] Winner E. . The Origins and Ends of Giftedness [J] . *American Psychologist*, 2000, 55 (1) : 159 – 169.

[142] Wilson, A. D. , & Golonka, S. Embodied cognition is not what you think it is [J] . Frontiers in Psychology, 2013, 4, 1 – 13. .

附　录

附录 1　大学生人际获得感开放性问卷

1. 你认为什么是获得感？人际交往获得感又指的是什么？请详细描述一下它们的内涵及其内部结构。

2. 请你具体说说个体人际获得感的强弱会对我们身心产生哪些方面的积极影响或者消极影响？

3. 请你根据自己对人际获得感内涵的理解，联系自我成长经历及目前的大学生活人际交往的状况，具体谈谈人际获得感的满意程度，以及觉得哪些因素影响了你对人际获得的满意程度？请结合自我实际情况，列举具体人际交往的情境并加以说明。

4. 请你具体谈谈两个方面的内容：一方面，请回忆并说说在大学期间你觉得哪些人际经历获得感或者满意度最高？以及这些积极的人际关系事件对你之后的人际交往态度和心理影响有哪些？另一方面，请你谈谈在人际交往过程中，曾发生过最坏的或者最糟糕的事件是什么？当时你是怎样看待这件事情的？当时的心理感受又是什么？以及此事对你以后的心理影响或者对人际交往的态度是否有影响？请具体说说有哪些影响或者改变。

5. 请你谈谈在大学期间，你在人际关系方面收获了哪些？比如：你收获了多少友谊？收获了多少次爱情？收获了多少师恩？

6. 请你基于目前大学生人际获得感的现状谈谈大学生在人际获得感上存在哪些主要问题？并具体谈谈在大学生自身、学校教育、社会风气等方面应采取哪些建设性措施予以应对？

附录2 大学生人际获得感初始问卷

同学们,你们好:

我们正在做一份有关当代大学生社会生活状况问卷调查,希望能得到你们的支持!问卷分为两个部分:"个人基本情况"和"正式调查问卷",请你根据自己的实际情况如实作答,并在适当的选项处打"√"。我们调查的资料仅作研究之用,并对调查资料进行保密,请你放心。

第一部分　调查对象的基本情况

1. 你的性别?　　　　　　　男 (　) 女 (　)
2. 你的角色类型?　　　　　　在校大学生 (　) 已毕业大学生 (　)
3. 你是否为学生干部身份?　是 (　) 否 (　)
4. 你的生源地来自哪里?　　农村 (　) 城镇 (　)
5. 你的学历?　　　　　　　大专 (　) 本科 (　) 研究生 (　)
6. 你的家庭类型?　　　　　完整家庭 (　) 离异家庭 (　) 孤儿 (　)
7. 你的家庭经济状况? 富裕 (　) 良好 (　) 一般困难 (　) 特别困难 (　)
8. 你父母的文化程度? 高中及以下 (　) 大专 (　) 本科 (　) 研究生 (　)

第二部分　大学生人际友善调查问卷

1. 我失意的时候,有人会安慰我。

   非常不符合 (　) 比较不符合 (　) 不符合 (　) 比较符合 (　) 非常符合 (　)

2. 在学校里,大多数人都喜欢我。

   非常不符合 (　) 比较不符合 (　) 不符合 (　) 比较符合 (　) 非常符合 (　)

3. 集体活动,我总是被孤立。

非常不符合（　）比较不符合（　）不符合（　）比较符合（　）非常符合（　）

4. 只要我需要，会有人帮助我，哪怕会增加他们自己的负担。

非常不符合（　）比较不符合（　）不符合（　）比较符合（　）非常符合（　）

5. 人们乐于见到我的成功。

非常不符合（　）比较不符合（　）不符合（　）比较符合（　）非常符合（　）

6. 同学需要帮助的时候，会第一个想到我。

非常不符合（　）比较不符合（　）不符合（　）比较符合（　）非常符合（　）

7. 我来了或走了都没有人注意到。

非常不符合（　）比较不符合（　）不符合（　）比较符合（　）非常符合（　）

8. 为了我好，必要的时候，有些人也会批评我。

非常不符合（　）比较不符合（　）不符合（　）比较符合（　）非常符合（　）

9. 人们会因为我的成功而感到骄傲。

非常不符合（　）比较不符合（　）不符合（　）比较符合（　）非常符合（　）

10. 其他人遇到麻烦的时候会来寻求我的意见。

非常不符合（　）比较不符合（　）不符合（　）比较符合（　）非常符合（　）

11. 也不知道是什么原因，我难以引起人们的注意。

非常不符合（　）比较不符合（　）不符合（　）比较符合（　）非常符合（　）

12. 我遇到麻烦的时候，有人愿意听我倾诉。

非常不符合（　）比较不符合（　）不符合（　）比较符合（　）非常符合（　）

13. 没有人会为我的成就感到高兴。

非常不符合（　）比较不符合（　）不符合（　）比较符合（　）非常符合（　）

14. 大多数人觉得我是一个有价值的人。

非常不符合（　）比较不符合（　）不符合（　）比较符合（　）非常符合（　）

15. 我和其他人在一起的时候，有时候我觉得自己好像是隐形的。

非常不符合（　）比较不符合（　）不符合（　）比较符合（　）非常符合（　）

16. 如果我突然退学，有人会为我而感到难过。

非常不符合（　）比较不符合（　）不符合（　）比较符合（　）非常符合（　）

17. 对于我能顺利或成功地完成学业任务或考试或工作目标，大家会很开心。

非常不符合 （ ） 比较不符合 （ ） 不符合 （ ） 比较符合 （ ） 非常符合 （ ）

18. 在学校人们通常在重要事情上会信任我。

非常不符合 （ ） 比较不符合 （ ） 不符合 （ ） 比较符合 （ ） 非常符合 （ ）

19. 我的付出从来都得不到回报。

非常不符合 （ ） 比较不符合 （ ） 不符合 （ ） 比较符合 （ ） 非常符合 （ ）

20. 有人认为我是有能力的潜力股。

非常不符合 （ ） 比较不符合 （ ） 不符合 （ ） 比较符合 （ ） 非常符合 （ ）

21. 当我困惑的时候，有人会提供指导意见。

非常不符合 （ ） 比较不符合 （ ） 不符合 （ ） 比较符合 （ ） 非常符合 （ ）

22. 我总能得到更多、更好的机会。

非常不符合 （ ） 比较不符合 （ ） 不符合 （ ） 比较符合 （ ） 非常符合 （ ）

23. 当我伤心失落的时候，身边却找不到可以倾诉的对象。

非常不符合 （ ） 比较不符合 （ ） 不符合 （ ） 比较符合 （ ） 非常符合 （ ）

24. 在学校或班级里，我能感觉到自己拥有较强的参与感、主体感、重视感。

非常不符合 （ ） 比较不符合 （ ） 不符合 （ ） 比较符合 （ ） 非常符合 （ ）

25. 我掌握了人际交往的相关知识和基本经验。

非常不符合 （ ） 比较不符合 （ ） 不符合 （ ） 比较符合 （ ） 非常符合 （ ）

26. 我懂得了人际交往的基本原则。

非常不符合 （ ） 比较不符合 （ ） 不符合 （ ） 比较符合 （ ） 非常符合 （ ）

27. 我学会了基本的交往礼仪知识。

非常不符合 （ ） 比较不符合 （ ） 不符合 （ ） 比较符合 （ ） 非常符合 （ ）

28. 我学会了人际交往的常用方法。

非常不符合 （ ） 比较不符合 （ ） 不符合 （ ） 比较符合 （ ） 非常符合 （ ）

29. 我具备了一定的人际交往能力。

非常不符合 （ ） 比较不符合 （ ） 不符合 （ ） 比较符合 （ ） 非常符合 （ ）

30. 我掌握了人际交往的技巧。

非常不符合 （ ） 比较不符合 （ ） 不符合 （ ） 比较符合 （ ） 非常符合 （ ）

31. 我具备了一定的表达理解能力。

非常不符合（ ）比较不符合（ ）不符合（ ）比较符合（ ）非常符合（ ）

32. 我具备了一定的人际融合能力。

非常不符合（ ）比较不符合（ ）不符合（ ）比较符合（ ）非常符合（ ）

33. 我具备了一定的解决问题的能力。

非常不符合（ ）比较不符合（ ）不符合（ ）比较符合（ ）非常符合（ ）

34. 我具备了一定的人际感受能力。

非常不符合（ ）比较不符合（ ）不符合（ ）比较符合（ ）非常符合（ ）

35. 我具备了一定的人事记忆能力。

非常不符合（ ）比较不符合（ ）不符合（ ）比较符合（ ）非常符合（ ）

36. 我具备了一定的人际理解力。

非常不符合（ ）比较不符合（ ）不符合（ ）比较符合（ ）非常符合（ ）

37. 我具备了一定的人际想象力。

非常不符合（ ）比较不符合（ ）不符合（ ）比较符合（ ）非常符合（ ）

38. 我具备了一定的风度和表达力。

非常不符合（ ）比较不符合（ ）不符合（ ）比较符合（ ）非常符合（ ）

39. 我具备了一定的合作与沟通协调能力。

非常不符合（ ）比较不符合（ ）不符合（ ）比较符合（ ）非常符合（ ）

40. 我经常积极参与集体活动。

非常不符合（ ）比较不符合（ ）不符合（ ）比较符合（ ）非常符合（ ）

41. 我愿意和他人分享我的感受和人生态度。

非常不符合（ ）比较不符合（ ）不符合（ ）比较符合（ ）非常符合（ ）

42. 我愿意主动与他人建立亲密关系。

非常不符合（ ）比较不符合（ ）不符合（ ）比较符合（ ）非常符合（ ）

43. 当别人遇到困难时，我愿意主动去帮助他人。

非常不符合（ ）比较不符合（ ）不符合（ ）比较符合（ ）非常符合（ ）

44. 我能够和老师进行很好的沟通。

非常不符合（ ）比较不符合（ ）不符合（ ）比较符合（ ）非常符合（ ）

45. 我能够和周围的人处理好人际关系。

非常不符合（　）比较不符合（　）不符合（　）比较符合（　）非常符合（　）

46. 我会向他人求助解决问题。

非常不符合（　）比较不符合（　）不符合（　）比较符合（　）非常符合（　）

47. 我能够迅速融入某一个团队中去。

非常不符合（　）比较不符合（　）不符合（　）比较符合（　）非常符合（　）

48. 我有知心朋友。

非常不符合（　）比较不符合（　）不符合（　）比较符合（　）非常符合（　）

49. 我能够与陌生人很好地相处。

非常不符合（　）比较不符合（　）不符合（　）比较符合（　）非常符合（　）

50. 我在集体活动中能感受到自由和快乐。

非常不符合（　）比较不符合（　）不符合（　）比较符合（　）非常符合（　）

51. 我在集体活动中有一种莫名的孤独感。

非常不符合（　）比较不符合（　）不符合（　）比较符合（　）非常符合（　）

52. 我的观点和态度经常能够得到他人的认可和支持。

非常不符合（　）比较不符合（　）不符合（　）比较符合（　）非常符合（　）

附录3 大学生人际获得感正式问卷

同学们，你好：

我们正在做一份有关当代大学生社会生活状况问卷调查，我们希望能得到你们的支持！问卷分为两个部分："个人基本情况"和"正式调查问卷"，请你根据自己的实际情况如实作答，并在适当的选项处打"√"。我们调查的资料仅作研究之用，并对调查资料进行保密，请你放心。

第一部分 调查对象的基本情况

1. 你的性别? 男（ ）女（ ）
2. 你的角色类型? 在校大学生（ ）已毕业大学生（ ）
3. 你是否为学生干部身份? 是（ ）否（ ）
4. 你的生源地来自哪里? 农村（ ）城镇（ ）
5. 你的学历? 大专（ ）本科（ ）研究生（ ）
6. 你的家庭类型? 完整家庭（ ）离异家庭（ ）孤儿（ ）
7. 你的家庭经济状况? 富裕（ ）良好（ ）一般困难（ ）特别困难（ ）
8. 你的父母文化程度? 高中及以下（ ）大专（ ）本科（ ）研究生（ ）

第二部分 大学生人际友善调查问卷

1. 我失意的时候，有人会安慰我。
   非常不符合（ ）比较不符合（ ）不符合（ ）比较符合（ ）非常符合（ ）
2. 集体活动，我总是被孤立。
   非常不符合（ ）比较不符合（ ）不符合（ ）比较符合（ ）非常符合（ ）
3. 只要我需要，会有人帮助我，哪怕会增加他们自己的负担。

非常不符合（ ）比较不符合（ ）不符合（ ）比较符合（ ）非常符合（ ）

4. 人们乐于见到我的成功。

非常不符合（ ）比较不符合（ ）不符合（ ）比较符合（ ）非常符合（ ）

5. 同学需要帮助的时候，会第一个想到我。

非常不符合（ ）比较不符合（ ）不符合（ ）比较符合（ ）非常符合（ ）

6. 我来了或走了都没有人注意到。

非常不符合（ ）比较不符合（ ）不符合（ ）比较符合（ ）非常符合（ ）

7. 为了我好，必要的时候，有些人也会批评我。

非常不符合（ ）比较不符合（ ）不符合（ ）比较符合（ ）非常符合（ ）

8. 人们会因为我的成功而感到骄傲。

非常不符合（ ）比较不符合（ ）不符合（ ）比较符合（ ）非常符合（ ）

9. 也不知道是什么原因，我难以引起人们的注意。

非常不符合（ ）比较不符合（ ）不符合（ ）比较符合（ ）非常符合（ ）

10. 我遇到麻烦的时候，有人愿意听我倾诉。

非常不符合（ ）比较不符合（ ）不符合（ ）比较符合（ ）非常符合（ ）

11. 没有人会为我的成就而感到高兴。

非常不符合（ ）比较不符合（ ）不符合（ ）比较符合（ ）非常符合（ ）

12. 我和其他人在一起的时候，有时候我觉得自己好像是隐形的。

非常不符合（ ）比较不符合（ ）不符合（ ）比较符合（ ）非常符合（ ）

13. 如果我突然退学，有人会为我而感到难过。

非常不符合（ ）比较不符合（ ）不符合（ ）比较符合（ ）非常符合（ ）

14. 对于我能顺利或成功地完成学业任务或考试或工作目标，大家会很开心。

非常不符合（ ）比较不符合（ ）不符合（ ）比较符合（ ）非常符合（ ）

15. 在学校人们通常在重要事情上会信任我。

非常不符合（ ）比较不符合（ ）不符合（ ）比较符合（ ）非常符合（ ）

16. 我的付出从来都得不到回报。

非常不符合（ ）比较不符合（ ）不符合（ ）比较符合（ ）非常符合（ ）

17. 有人认为我是有能力的潜力股。

非常不符合（　）比较不符合（　）不符合（　）比较符合（　）非常符合（　）

18. 当我困惑的时候，有人会提供指导意见。

非常不符合（　）比较不符合（　）不符合（　）比较符合（　）非常符合（　）

19. 我总能得到更多更好的机会。

非常不符合（　）比较不符合（　）不符合（　）比较符合（　）非常符合（　）

20. 当我伤心失落的时候，身边却找不到可以倾诉的对象。

非常不符合（　）比较不符合（　）不符合（　）比较符合（　）非常符合（　）

21. 在学校或班级里，我能感觉到自己拥有较强的参与感、主体感、重视感。

非常不符合（　）比较不符合（　）不符合（　）比较符合（　）非常符合（　）

22. 我掌握了人际交往的相关知识和基本经验。

非常不符合（　）比较不符合（　）不符合（　）比较符合（　）非常符合（　）

23. 我懂得了人际交往的基本原则。

非常不符合（　）比较不符合（　）不符合（　）比较符合（　）非常符合（　）

24. 我学会了基本的交往礼仪知识。

非常不符合（　）比较不符合（　）不符合（　）比较符合（　）非常符合（　）

25. 我学会了人际交往的常用方法。

非常不符合（　）比较不符合（　）不符合（　）比较符合（　）非常符合（　）

26. 我掌握了人际交往的技巧。

非常不符合（　）比较不符合（　）不符合（　）比较符合（　）非常符合（　）

27. 我具备了一定的人际感受能力。

非常不符合（　）比较不符合（　）不符合（　）比较符合（　）非常符合（　）

28. 我具备了一定的人际理解力。

非常不符合（　）比较不符合（　）不符合（　）比较符合（　）非常符合（　）

29. 我具备了一定的人际想象力。

非常不符合（　）比较不符合（　）不符合（　）比较符合（　）非常符合（　）

30. 我具备了一定的风度和表达力。

非常不符合（　）比较不符合（　）不符合（　）比较符合（　）非常符合（　）

31. 我具备了一定的合作与沟通协调能力。

非常不符合（　）比较不符合（　）不符合（　）比较符合（　）非常符合（　）

32. 我愿意和他人分享我的感受和人生态度。

非常不符合（　）比较不符合（　）不符合（　）比较符合（　）非常符合（　）

33. 我愿意主动与他人建立亲密关系。

非常不符合（　）比较不符合（　）不符合（　）比较符合（　）非常符合（　）

34. 我能够和周围的人处理好人际关系。

非常不符合（　）比较不符合（　）不符合（　）比较符合（　）非常符合（　）

35. 我会向他人求助解决问题。

非常不符合（　）比较不符合（　）不符合（　）比较符合（　）非常符合（　）

36. 我有知心朋友。

非常不符合（　）比较不符合（　）不符合（　）比较符合（　）非常符合（　）

37. 我能够与陌生人很好地相处。

非常不符合（　）比较不符合（　）不符合（　）比较符合（　）非常符合（　）

38. 我在集体活动中有一种莫名的孤独感。

非常不符合（　）比较不符合（　）不符合（　）比较符合（　）非常符合（　）

39. 我的观点和态度经常能够得到他人的认可和支持。

非常不符合（　）比较不符合（　）不符合（　）比较符合（　）非常符合（　）